Grenzverlauf zwischen
dem thüringischen Tettau
und Sattelpass, 1977

SPURENSICHERUNG

Innenansichten der DDR-Grenztruppen

Eine Fotodokumentation
von Sandra Pingel-Schliemann
und Thilo Wierzock

Kontrolle von Personalpapieren einer
Hebamme in Lenzen durch einen Postenführer
der 8. Grenzkompanie in Gandow, 1975

BRAUS

Geleitwort

Bilder sagen mehr als tausend Worte. Aber Bilder allein können nichts näher erklären, bei Dokumentationen, Sach- und Fachbüchern sind Informationen in Wort und Schrift notwendig, zumal dann, wenn diese aus einer fremden Welt von gestern stammen. Ohne Texte, ohne begleitende Informationen, sind viele Bilder nur schwer zuzuordnen.

Bei der Fotodokumentation »Spurensicherung. Innenansichten der DDR-Grenztruppen« von Sandra Pingel-Schliemann und Thilo Wierzock wird das mit Sicherheit nicht der Fall sein, der Text zur Geschichte der ehemaligen DDR-Grenzsicherungskräfte und die Bildbeschreibungen enthalten alles Wesentliche. Die Truppe, mit der sich dieser Bild-Text-Band beschäftigt, ist zusammen mit dem zweiten deutschen Staat untergegangen. Das ist gut so und wird nur von wenigen ewig Gestrigen bedauert. Grenzpolizisten und Grenzsoldaten dieses Staates waren von 1949 bis 1989 verpflichtet, auch Aufgrund sowjetischer Vorgaben, die Grenzen der DDR zum Westen abzusichern und damit das Überleben eines Systems zu ermöglichen, das seit den 1950er Jahren mit dem Aufbau des Sozialismus begann. Seitens der SED wurde dieser (reale) Sozialismus als der »Humanismus des 20. Jahrhunderts« bezeichnet, was die Führung von Partei und Staat nicht davon abhielt, an den Grenzen zu Westberlin und zur Bundesrepublik »Schutzwaffengebrauchsbestimmungen« einzuführen, die eine »Lizenz zum Töten« einschlossen. An der Grenze zu Westberlin und zur Bundesrepublik sowie an der Ostseeküste dienten bis zum Ende des Staates Hunderttausende als Freiwillige, Wehrpflichtige oder als Zeit- und Berufssoldaten. Die Mehrheit machte sich keinerlei Verbrechen schuldig, nahezu alle »Grenzer« waren froh, nicht Situationen erlebt zu haben, die den Einsatz der Schusswaffe gegen »Republikflüchtige« erfordert hätte. In den Ausbildungseinheiten wurden sie auf diese »besonderen Vorkommnisse«, also auf versuchte und vollendete »Grenzdurchbrüche«, bei Verabreichung politisch-ideologischer Dogmen, mit militärischen oder militärähnlichen Mitteln und Methoden, vorbereitet.

Davon gibt der Bild-Text-Band umfassend Auskunft. Aus Tausenden von Aufnahmen der Fotozirkel der ehemaligen Grenzpolizei und Grenztruppe suchten die Autoren mehr als 190 Bilder aus, die sie in das Buch einstellten. Die Auswahl, ergänzt durch einige verbotene Privatfotos, vermittelt aussagestarke Informationen über das »Grenzerleben« bei der Ausbildung, der Politerziehung und beim Einsatz an der Grenze selbst.

Die Tristesse des Innendienstes sowie des täglichen Dienstes unmittelbar an der Grenze belegt anschaulich eine Reihe von Fotos. So zum Beispiel Aufnahmen über das Ablaufen des Kontrollstreifens, die Beobachtung der Grenze von den Wachtürmen und Führungsstellen, Anfahrten zum Schutzstreifen oder von Personenkontrollen im Grenzgebiet. Darüber hinaus wurden die Grenzsperranlagen im Bild abgelichtet und werden beschrieben. Abwechslung für die Soldaten der grenzsichernden Einheiten versprachen »Besuche« westdeutscher Bürger, des Bundesgrenzschutzes oder amerikanischer und britischer Soldaten unmittelbar an der Grenzlinie, die als Provokationen galten und im Bild festgehalten wurden. Was vielleicht zum Nachdenken Anlass gab, da man auf der eigenen Seite keine Personen unmittelbar an die Grenze heranließ und die im Grenzgebiet der DDR lebenden Bürger permanenter Kontrolle ausgesetzt waren.

Eher selten dürften Aufnahmen von Besuchen sowjetischer Offiziere an der Grenze gewesen sein, die im Bild festgehalten werden durften, wobei sich diese von DDR-Grenzoffizieren über die Beschaffenheit der Grenzsperranlagen informieren ließen; unverfänglicher waren Bilder von Besuchen bei sowjetischen Partnertruppenteilen der DDR-Grenzregimenter oder Fotos mit den uniformierten »Freunden« bei irgendwelchen Feiern. Geradezu nostalgisch bis abenteuerlich wirken ältere Aufnahmen von Grenzern und primitiven Grenzsperren aus den 1950er Jahren, verstörend Bilder der 1970er und 1980er Jahre über den Einsatz von Hunden innerhalb der Grenzanlagen, die freilaufend auf einem umzäunten Areal untergebracht waren oder an Laufleinen gekettet, Fluchten verhindern sollten.

Privatfotos von Angehörigen der Grenzpolizei und Grenztruppen während ihres Dienstes waren verboten, ebenso Aufnahmen, die Anlagen des Sicherungssystems ablichteten. Dazu zählten Fotos, die auf die Verminung der deutsch-deutschen Grenze hinwiesen, was in der DDR offiziell lange Zeit ein absolutes Tabu war. Zu diesem Thema stellten die Autoren ein Bild aus den 1960er Jahren in ihre Fotodokumentation ein, das einen Grenzer zeigt, der sich, mit einer Signalpistole im Gürtel, lässig an einen Pfahl lehnt, an dem eine Tafel angebracht war, die diese Aufschrift trug: ACHTUNG MINEN! Gesperrt! Lebensgefahr! Im Innern der DDR war das Thema bis zu den Äußerungen des Partei- und Staatschefs, Erich Honecker, über die bevorstehende Räumung der Bodenminen und des Abbaus der Selbstschussanlagen (Splitterminen) im Herbst 1983 in der Öffentlichkeit ein Tabu; Hinweise über die Verminung der deutsch-deutschen Grenze seit 1961 fanden sich nur in internen Handbüchern der DDR-Grenztruppen.

Aufatmen lassen Fotos der Autoren gegen Schluss des Buches über die Minenräumung (Nachsuche) und zur Grenzöffnung 1989, die der Band auch enthält und die mehr als dreißig Jahre danach ohne jede Bildbeschreibung zu verstehen sind und einfach nur Glücksgefühle auslösen.

Peter Joachim Lapp

In eigener Sache

Ich wurde 1972 in die DDR hineingeboren. Mit Krippe, Kindergarten, Schule und obligatorischem Beitritt zu den Jugendorganisationen der DDR begann ich einen typisch sozialistischen Werdegang.

Meinen Eltern behagte das Leben in der DDR jedoch nicht. Der Wehrdienst in der NVA fiel für meinen Vater in die Zeit des Prager Frühlings; seine Einheit wurde im DDR-Grenzgebiet zur ČSSR eingesetzt. Ich ahnte zudem, wie er darunter litt, dass ihm Anfang der 1980er Jahre ein besserer Job verwehrt wurde, nur weil er sich weigerte, seine verwandtschaftlichen Beziehungen in den Westen abzubrechen. Für meine Eltern wurde das Leben in der DDR immer enger, das spürte ich in den Gesprächen und in ihren Handlungen. Im März 1984 stellten sie für unsere Familie einen Antrag auf ständige Ausreise aus der DDR.

Die Staatsorgane wurden sofort aktiv und das Ministerium für Staatssicherheit MfS nahm unsere vierköpfige Familie unter Beobachtung. Es gab mehrere Aussprachen bei der zuständigen Kreisdienststelle der Volkspolizei und der Staatssicherheit, meinem jüngeren Bruder wurde der Krippenplatz verwehrt, ich wurde einmal von der Schule zum Verhör beim MfS abgeholt, ohne, dass meine Eltern dabei waren, wir durften nicht mehr reisen und auch in der Schule veränderte sich für mich viel zum Nachteil. Meine Eltern standen jedoch weiter für ihre Ausreise ein, in der MfS-Akte werden sie als »besonders hartnäckige Antragsteller zur Übersiedlung in die BRD« bezeichnet. Zwei Tage vor Weihnachten 1985 erfuhren wir, dass wir ausreisen dürfen. Der 24. Dezember wurde als Ausreisetag festgelegt. In aller Eile räumten wir unser Haus südlich von Berlin leer, verkauften und verschenkten, was ging. Zwei Koffer durfte jeder von uns auf seiner Reise mitnehmen. Was packt man mit 13 Jahren dort hinein? Es waren wenige Habseligkeiten, die ich mit in den Westen nahm. Das Wichtigste war meine Spiegelreflexkamera, denn seit einiger Zeit war die Fotografie für mich zum Hobby geworden.

Wir verließen die DDR mit dem Zug an der Grenzübergangsstelle Schwanheide. Auf dem Bahnsteig und auf der Beschaubrücke standen bewaffnete Grenzsoldaten, Hunde bellten, Scheinwerferlicht blendete und ein leichter Schneefall ohne einen Windzug setzte ein. Diese Bilder sind bei mir bis heute eingebrannt.

Bei Wochenendausflügen nahm mich meine Familie, mit der ich seit der Ausreise in Hessen lebte, in den Grenzabschnitt zwischen Ober- und Untersuhl (zwischen Bad Hersfeld und Eisenach) mit. Dort entstanden auch meine ersten eigenen Fotos von den DDR-Grenzanlagen aus westlicher Sicht. Als im November 1989 die deutsch-deutsche Grenze zerfiel, ergab sich für mich ein kurzer Moment die noch bestehenden Grenzorte aus östlicher Sicht zu dokumentieren. Diese Fotografien sind kein Gegenstand dieser Publikation.

Schon im Frühjahr 1990 ergaben sich erste direkte Kontakte zu Grenztruppenangehörigen.

Ich wollte ihre Motivationen und ihre Überzeugungen im Grenzdienst verstehen. Die Kontakte erstreckten sich später bis zum ehemaligen Chef der Grenztruppen der DDR Klaus-Dieter Baumgarten. Ich war bei Traditionstreffen der Grenztruppen- und der NVA-Truppenteile, hier gewann ich Vertrauen und weiteren Zugang zu ehemaligen Angehörigen. Bei diesen Kontakten entwickelten sich über Fotografien aus dem Truppenalltag äußerst lebhafte und anschauliche Gespräche im direkten Austausch.

Über die letzten drei Jahrzehnte konnte ich mehrere tausend originale Negative, Fotos und Dokumente der Einheiten und Truppenteile der Grenztruppen der DDR zusammentragen und archivieren. Zur Vorbereitung dieses Buchprojekts war für mich die besondere Herausforderung, aus dem riesigen Bildbestand ein größtmöglichst differenziertes Spektrum an Bildmotiven mit der notwendigen Verortung und Zeitinformation auf nur wenige Fotos zu reduzieren.

Besonders bedrückend sind für mich persönlich jene propagandistischen Fotografien, die die Grenzsoldaten im Umgang mit der eigenen Bevölkerung und besonders mit Kindern zeigen; ebenso wenig kalt lassen einen die lethargischen Gesichtsausdrücke von Wehrdienstleistenden auf einigen Fotos.

Als ich 2020 Sandra Pingel-Schliemann traf, die sich seit vielen Jahren wissenschaftlich mit der innerdeutschen Grenze auseinandersetzte, hatte sie sofort ein Gespür für den andersartigen Blickwinkel dieser Fotografien und deren »innerem Blick«. Für uns beide stand sehr schnell fest, dass diese ungewöhnlichen Fotodokumente mit Begleittexten unbedingt der Öffentlichkeit zugänglich gemacht werden sollten. Gemeinsam erarbeiteten wir ein Manuskript, das von der Bundesstiftung zur Aufarbeitung der SED-Diktatur gefördert wurde. Dafür danken wir ebenso wie für die Förderung des Drucks durch die Bundesstiftung. Ein besonderer Dank gilt auch Politische Memoriale MV e.V. in Schwerin. Der Verein hat uns als Projektträger begleitet und unterstützt. Jochen Schmidt, dem Direktor der Landeszentrale für politische Bildung in MV, gebührt unser Dank, weil er uns wiederholt bei der Umsetzung Mut machte. Vermutlich sind deshalb aus den ursprünglich 50 Fotos, die geplant waren, 195 geworden. Dass das Manuskript nun als Buch vorliegt, ist dem Engagement von Jochen Stamm, Anne Scholz und Frank Wonneberg von Edition Braus zu verdanken, die großes Vertrauen in uns und das Manuskript setzten. Es war eine kompetente und wertvolle Zusammenarbeit. Besonders gefreut hat uns, dass Dr. Peter Joachim Lapp das Geleitwort übernommen hat. Sein Buch »Frontdienst im Frieden – Die Grenztruppen der DDR« war eines der ersten, das ich in der Bundesrepublik las und das mir weiteren Anstoß dafür bot, mich mit den Erlebnissen meiner Ausreise und den Folgen der deutschen Teilung auseinanderzusetzen. Mein größter Dank gilt meiner Familie für die in den letzten Monaten entgegengebrachte Geduld und das liebevolle Verständnis für dieses Buchprojekt.

Thilo Wierzock im Januar 2022

Inhaltsverzeichnis

Ein Postenpaar
der 8. Grenzkompanie
in Gandow,
Sommer 1971

Genese der Fotografien

Die innerdeutsche Grenze war wie die Berliner Mauer auf der östlichen Seite eine der am besten gesicherten Grenzen der Welt: Nahezu unpassierbar für jene, die ihr Menschenrecht auf Freizügigkeit wahrnehmen, die die DDR-Diktatur mit all ihren hässlichen Auswüchsen verlassen wollten. Spätestens nach dem Mauerbau am 13. August 1961 hatte sich die Grenze, die die beiden deutschen Staaten und zwei weltpolitische Machtblöcke teilte, zur Systemgrenze mit einem eigenständigen Grenzregime entwickelt. Im Osten lebten die Menschen in einer Diktatur, im Westen in einer Demokratie. Entlang der Grenzlinie entstand auf DDR-Gebiet eine Sperrzone, die Trennung, Leid und Tod mit sich brachte. Die Überwachung und Absperrung der Grenze war für die Herrschenden im SED-Staat eine Existenzfrage. Auch wenn in der Propaganda immer wieder die Feindtätigkeit des Westens für alle Maßnahmen an der Grenze vorgeschoben wurde, dienten sie einzig und allein dazu, ein unerlaubtes Verlassen der DDR zu verhindern. Denn jeder Flüchtling rüttelte an den Grundsäulen dieser Diktatur.

Mindestens 260 Menschen wurden an der ca. 1.400 km langen innerdeutschen Grenze erschossen,[1] durch Minen getötet oder ertranken, als sie den Weg in die Freiheit suchten.[2] An der Berliner Mauer starben zwischen 1961 und 1989 darüber hinaus 136 Frauen, Männer und Kinder.[3] Hary Krause, eines der jüngsten Todesopfer, war zehn Jahre alt, als er am 31. Januar 1951 beim Schlittschuhlaufen auf dem Goldensee bei Gadebusch, der ein Grenzgewässer war, von einem Grenzsoldaten tödlich getroffen wurde.[4] Zehntausende wurden wegen ihres Ausreisebegehrens festgenommen und inhaftiert. Über 11.000 Menschen verloren ihre Heimat, als sie aus dem Grenzgebiet zwangsausgesiedelt wurden. Ganze Dörfer wurden dem Erdboden gleichgemacht, weil sie zu dicht an der Grenze lagen und Grund und Boden für die Sperranlagen gebraucht wurden.

1952 erließ das Politbüro der Sozialistischen Einheitspartei Deutschlands (SED), das zentrale Entscheidungsgremium in der DDR, den Befehl

1 https://www.bundesregierung.de/breg-de/themen/deutsche-einheit/eine-traurige-bilanz-393916 [Abruf am 22.07.2021].

2 Problematisch ist, dass trotz eines gesonderten Forschungsprojektes zu den Todesopfern an der innerdeutschen Grenze immer noch keine verlässlichen Zahlen vorliegen. In der vom Berliner Forschungsverbund SED-Staat an der Freien Universität Berlin unter Leitung von Klaus Schroeder und Jochen Staadt herausgegebenen Studie werden die Biografien von 327 Toten aus den Jahren zwischen 1949 und 1989 erzählt. Zu den Toten werden jedoch u.a. auch Selbsttötungen von Grenzsoldaten gerechnet oder die Tötung von Grenzsoldaten durch Beamte des Bundesgrenzschutzes, was zu erheblicher Kritik an der Zählweise der Todesopfer geführt hat. Eine engere Begriffsdefinition wäre durchaus sinnvoll gewesen, um den Fokus auf jene zu richten, die ihr Leben auf der Flucht riskierten, weil sie in der DDR ihre unveräußerlichen Menschenrechte nicht wahrnehmen konnten. Vgl.https://www.bpb.de/geschichte/zeitgeschichte/deutschland-archiv/295024/todesopfer-des-ddr-grenzregimes-eine-andere-sicht [Abruf am 22.07.2021] und Schröder/Staadt Hg. (2017).

3 Hertle/Nooke (2009), S. 15.

4 Pingel-Schliemann (2014), S. 226.

zum Anlegen einer Sperrzone entlang der Grenze. Diese Zone unterteilte sich in einen 500-m-Schutzstreifen und ein 5-km-Sperrgebiet. In den Jahren danach entstand ein tief gestaffeltes und immer weiter perfektioniertes System aus Sperranlagen und Beobachtungspunkten im Schutzstreifen. Dieser Schutzstreifen wurde durch die Deutsche Grenzpolizei, seit 1961 durch die Grenzsoldaten des Kommandos Grenze der Nationalen Volksarmee (NVA) gesichert. Die Kontrolle und Überwachung des 5-km-Sperrgebietes übernahmen die Volkspolizei, das Ministerium für Staatssicherheit (MfS) und freiwillige Helfer, die sich aus der zivilen Grenzbevölkerung rekrutierten.

In den vergangenen Jahren entstanden eine Reihe sehr lesenswerter Publikationen, die den Aufbau und Ausbau der Grenze dokumentieren, die sich mit dem Mauerbau, den Grenzsoldaten, den Zwangsaussiedlungen, dem Alltag im Sperrgebiet und den Grenztoten beschäftigen. Darunter gibt es auch eindrückliche Fotobände. Diese dokumentieren das Grenzregime an der innerdeutschen Grenze und der Berliner Mauer weitgehend aus dem beobachtenden Blick des Bundesgrenzschutzes sowie aus der Perspektive von Fotojournalisten und privaten Besuchern aus westlicher Richtung.[5]

Nach wie vor gibt es kaum Publikationen, die Fotos der Grenzsoldaten, die diese selbst während ihrer Dienstzeit gemacht haben, abbilden.[6] Dabei vermittelt dieser fotografische Blickwinkel direkter und authentischer, wie brutal das Grenzregime war. Erstaunlich ist, dass nach über 30 Jahren Grenzöffnung in den meisten Publikationen bislang der gewohnte und geübte westliche Blick auf die Grenzsituation in dieser althergebrachten, fest gewählten Bildsprache im Wesentlichen erhalten blieb. Das liegt sicherlich vor allem daran, dass es vor 1989 nur einen extrem eingeschränkten Zugang in das Grenzgebiet der DDR gab. Unabhängigen Journalisten, Fotografen und westlichen Besuchern war es nicht erlaubt, das Sperrgebiet zu betreten. Der Grenzbevölkerung selbst war es wiederum streng verboten, Grenzanlagen und die Grenzsicherungskräfte zu fotografieren. So waren private Foto- und Filmaufnahmen im Grenzgebiet nur innerhalb des Ortes gestattet. Gleiches galt für die Angehörigen der Grenzsicherungseinheiten. Private Aufnahmen waren nur bei Freizeit- und Sportaktivitäten zulässig. Ebenso streng untersagt war für die Angehörigen der Grenzpolizei bzw. Grenz-

5 U.a. Ritter/ Lapp (2015); Dingemann (2014); Büttner/ Kaule (2017); Kupfernagel (2009); Flemming/Koch (2008); Lange (2011); Magercord (2011).

6 Mit Ausnahme von Annett Gröschner und Arwed Messmer, die in ihrer Publikation »Die Berliner Mauer aus anderer Sicht« (2016) Fotos der Grenzsoldaten aufbereitet haben, die sie in einem militärischen Zwischenarchiv durch Zufall fanden, und die den Ausbau und das Geschehen an der Berliner Mauer sehr eindrücklich dokumentieren.26 Schröder/Staadt (2017).

Blick in das Fotolabor der 9. Grenzkompanie in Neuenbau des Grenzregiment-15 in Sonneberg, 1974

truppen das Mitführen und Benutzen von privaten Bildaufnahmegeräten während des Grenzdienstes und am Dienststandort.

In dieser Fotodokumentation soll die Perspektive gewechselt werden: Es werden hier erstmals bisher unveröffentlichte Fotos aus den Jahren von 1947 bis 2008 gezeigt, bei denen Grenzsoldaten auf den Auslöser der Kamera gedrückt haben. Die Fotos dienen der »Spurensicherung« und gewähren einen speziellen Blick auf das Grenzsystem. Denn man muss sich deutlich machen: Niemand war in der Todesszone des Schutzstreifens – mit Ausnahme der Staatssicherheit, die im Grenzgebiet wie andernorts omnipräsent war – so stark involviert wie die Grenzpolizisten und später die Grenzsoldaten. Direkt und unmittelbar hatten sie Einblick in die Entwicklungen und das Geschehen dort. Vieles davon hielten sie mit der Kamera fest: Vor allem zur offiziellen Dokumentation und für Propagandazwecke. In einer Bildsprache von Entschlossenheit und Zielstrebigkeit sollte die aus kommunistischer Sicht erreichte völkerrechtliche Legitimierung den staatlichen und militärischen Schutz der eigenen Grenze gegenüber dem erklärten imperialistischen Feind mitten in Europa im freundschaftlichen Verbund mit den sozialistischen Bruderstaaten vermitteln. Selbstbewusst und vom sozialistischem Geschichts- und Traditionsbewusstsein erfüllt suggerieren diese Bilder eine zur Wehrhaftigkeit erzogene zukunftsorientierte Gesellschaft im angeblichen Einklang der Bevölkerung mit der führenden Partei. Viele dieser offiziellen Fotos wurden für die militärische Ausbildung, für die sozialistische Politerziehung im eigenen Truppendienst, aber auch für pädagogische Fortbildungen gezielt eingesetzt.

Eine Reihe der hier abgebildeten Fotos entstand auch im Rahmen von Fotozirkeln, die den Soldaten in ihrer freien Dienstzeit in der Kaserne angeboten wurden und der Zerstreuung dienten. In den Fotozirkeln entstanden sowohl Auftragsarbeiten wie auch zufällige Aufnahmen, die viele Situationen in der Ausbildung, im Dienstalltag am Unterbringungsstandort, im Grenzdienst und in der Freizeit der Grenzer dokumentieren. Diese transportieren mit ihrer emotional und technisch gewählten Bildsprache einfache Erinnerungsskizzen bis hin zu kunstvollen Momentaufnahmen oder Inszenierungen. Sie dokumentieren aus spezieller Sicht: Alltag, Verpflichtungen und Zwänge. Diese vielfältigen und qualitativ äußerst unterschiedlichen Aufnahmen entstanden durch ungeübte, aber auch durch versierte und professionelle Fotografen aus den Reihen der Wehrdienstleistenden, Zeit- und Berufssoldaten sowie Vorgesetzten. Die Aufnahmen verblieben in der Regel in den Fotoarchiven der Fotozirkel an den Standorten der Einheiten und Truppenteile. Unbeachtet und unbedacht ging ein großer Materialbestand 1989/90 verloren, nur Teile konnten sichergestellt werden.

All jene Fotoaufnahmen von Soldaten, die als propagandistisch wertvoll eingestuft wurden, gingen seinerzeit in die Öffentlichkeit. Sie wurden etwa in den Printmedien und Schriftenreihen zur militärischen Ausbildung, auf Wandzeitungen oder in Ausstellungen gezeigt, fanden Eingang in die Abschlusszeitungen der Entlassungskandidaten und in Brigadebücher der Einheiten der Grenztruppen der DDR. Viele Fotos wurden auch für die Traditionskabinette in den Dienststellen genutzt. Propagandafotos fanden sich gleichfalls in militärpolitischen Publikationen der eigenen Truppenteile bzw. der Nationalen Volksarmee sowie der weiteren bewaffneten und politischen Organe in der DDR wieder. Diese Art der Veröffentlichungen hatte das klare Ziel, die Meinungen der DDR-Bürger und militärischen Angehörigen zu formen, zu manipulieren und in die von der SED gewünschte Richtung zu lenken. Dabei handelte es sich vor allem um Fotos, die die grenzsichernden Einheiten als Friedenskämpfer an der Front des Kalten Krieges stilisierten: Fröhlich, selbstbewusst, mit Gewehr im Anschlag, um angeblich das Volk vor dem feindlichen imperialistischen Westen zu schützen. Unter Verschluss blieben all jene Fotos, die die militärischen Objekte und Grenzsicherungsanlagen im Schutzstreifen zeigten; sie waren nur einem kleinen Kreis zugänglich.

Darüber hinaus gab es aber auch Fotos von Grenzsoldaten, die einen anderen »inneren Blick« aufweisen. Es handelt sich dabei um verbotene private Aufnahmen der Grenzsoldaten, die hier gleichfalls dokumentiert werden sollen. Sie dienten der Erinnerung an die eigene Dienstzeit, an die Kameraden und den Dienstalltag und bilden ein fotografisches Sammelsurium von Eindrücken für Familien, Freunde und Verwandte. Einige der verbotenen Fotos entstanden auch aus Mutproben heraus oder um das unfassbare Geschehen an der Grenze durch eine eigene Dokumentation zu verarbeiten. Manche dieser Fotos entstanden auch, um sich künstlerisch auszuprobieren oder aber um damit aus der alltäglichen

Monotonie des Wehrdienstes auszubrechen. Andere verbotene Aufnahmen wiederum wurden gemacht, um die eigene Desertion oder spätere Flucht vorzubereiten.

Thilo Wierzock, einer der Autoren, hat über Jahrzehnte Fotos aus den Dienstbeständen der Grenztruppen und Privatarchiven der Soldaten gesammelt, dokumentarisch aufgearbeitet und archiviert. Dabei handelt es sich u.a. um Propagandaaufnahmen der Grenzeinheiten, Bilddokumente von Grenzaufklärern, Fotos der Grenzer selbst bei alltäglichen Handlungs- und Tätigkeitsfeldern im Rahmen der regulären »Arbeitsgruppe Fotozirkel«. Darüber hinaus kam er in den Besitz von verbotenen Aufnahmen, die ihren Weg aus den Kasernen schafften. Neben der Dokumentation des Alltags der Grenzsoldaten werden in diesem Band weitere Themenschwerpunkte durch die Fotos gesetzt: Das Sperranlagensystem im Schutzstreifen, der Alltag der Grenzsoldaten mit den Grenzbewohnern, der Blick der Grenzsoldaten in den Westen und schließlich die Grenzöffnung. Eingebettet werden die Fotos jeweils in Texte, in denen Sandra Pingel-Schliemann den historischen Kontext erläutert.

Die Grenzsoldaten

Stille, nichts als Stille in diesem Schutzstreifen, der sich 500 Meter weit von der Grenzlinie ins DDR-Land fraß. Die Grenzsoldaten hörten beim Patrouillieren jeden ihrer Schritte, so ruhig war es dort. Bewohner gab es in diesem Gebiet fast gar keine mehr: Nur politisch besonders Zuverlässige und mühsam Geduldete. Die meisten wurden vertrieben, weil sie zu dicht an der Grenzlinie lebten. Ihre Häuser und Höfe wurden geschleift, weil Platz für den Bau von Grenzsperranlagen nötig war: Für Streckmetall- und Signalzäune, Minenfelder, Kontrollstreifen, Lichttrassen, Beobachtungstürme, Hundelaufanlagen, Grenzmeldenetze, Fahrzeugsperren. All das sollte nicht den Klassengegner aus dem Westen aufhalten, sondern die eigenen Menschen, die aus Sehnsucht nach Freiheit und Demokratie in die Bundesrepublik flüchten wollten. Die Sperranlagen waren für jeden, der fliehen wollte, schon lebensgefährlich. Aber den Herrschenden im SED-Staat reichte eine technische Absicherung des Schutzstreifens allein nicht aus. Es bedurfte auch menschlichen Handelns, um die Grenze unpassierbar zu machen, notfalls durch Schüsse aus der Maschinenpistole. Und niemand war deshalb so präsent in der Todeszone wie sie: Die Grenzsoldaten. Sie waren in der Propaganda die »Kämpfer an der Front für den Frieden«. Schon in der 3. Klasse lernten die Kinder in den DDR-Schulen »Das Lied der Grenzsoldaten«, das die Abriegelung des Landes verherrlichte und die Grenzsoldaten als »Friedenskämpfer« pries: »Stehn auf Wacht in Sturm und Wind …« wurde unter anderem gesungen. Dass die Soldaten auf die eigenen Bürger, auf Mütter, Väter und Kinder im Ernstfall schießen mussten, wurde bewusst außen vorgelassen. In der Propaganda ging es immer um die Abwehr feindlicher Angriffe aus dem Westen. So wurde auch der Mauerbau in Ost-Berlin am 13. August 1961 ideologisch als »antifaschistischer Schutzwall« gerechtfertigt.

Als Deutschland nach dem Ende der nationalsozialistischen Diktatur 1945 durch die Siegermächte in Besatzungszonen geteilt wurde, gab es noch nicht diese Stille an der Grenze. Täglich passierten die Grenze in beide Richtungen Ende der 1940er bis Anfang der 1950er Jahre Monat für Monat noch Hunderttausende Menschen: Meist auf verschlungenen unbewachten Pfaden, dies zwar schon illegal, aber die Nachkriegsnot und althergebrachte Gewohnheiten ließen nichts anderes zu.[7] Hüben wie drüben wurden Waren aller Art wie Lebensmittel, Gardinen, Leder, Alkohol, Zigaretten und Kleidung gekauft oder getauscht. Verwandte und Bekannte wurden weiterhin besucht, Beziehungen fortgeführt. Als sich 1949 die Bundesrepublik und die DDR kurz darauf folgend als eigenständige Staaten gründeten und die deutsche Teilung besiegelten, setzten alsbald große Fluchtbewegungen ein. Schätzungen gehen davon aus, dass seit der Gründung der DDR bis zum Mauerbau 1961 insgesamt 2,7 Millionen Menschen die DDR verlassen haben.[8]

Im Juni 1945 übernahm zunächst die Sowjetische Militäradministration die Überwachung der Demarkationslinie, wie sie damals noch hieß, konnte aber dem illegalen Grenzverkehr kaum etwas entgegensetzen. Ende November 1946 befahl die sowjetische Besatzungsmacht den Aufbau einer Grenzpolizei, deren Aufgabe unter Führung der Abschnittskommandos der sowjetischen Truppen es sein sollte, den unkontrollierten Waren- und Personenverkehr entlang der Demarkationslinie zu unterbinden. Darüber hinaus hatte die Grenzpolizei für Ruhe und Ordnung im Grenzgebiet zu sorgen. Der Gebrauch der Schusswaffe erfolgte dabei nur in Ausnahmen. Schnell fanden sich Freiwillige für den Grenzdienst, vor allem aus dem Arbeitermilieu, die sich für drei Jahre verpflichteten. Ende 1948 zählte die Grenzpolizei bereits 20.000 Kräfte, die allerdings kaum mit Waffen oder motorisierten Fahrzeugen ausgestattet waren. Erst mit Gründung der DDR und dem sukzessiven Rückzug der sowjetischen Einheiten aus dem Grenzgebiet wuchsen Status, Aufgabenbereich und militärischer Charakter. In einer Bestimmung für die Dienstlaufbahn der Soldaten, Unteroffiziere und Offiziere der Grenzpolizei aus den 1950er Jahren hieß es: »Die Deutsche Grenzpolizei ist ein bewaffnetes Organ der Deutschen Demokratischen Republik. Sie hat die Aufgabe, die Grenze der Deutschen Demokratischen Republik zu schützen und leistet damit ihren Beitrag zur Erhaltung des Friedens, zur Gewährleistung der Sicherheit unseres Staates, zum Schutz der sozialistischen Errungenschaften und im Kampf gegen den in Westdeutschland wiedererstehenden aggressiven Imperialismus und Militarismus«.[9] 1952 erhielten die Grenzpolizisten einheitliche khakifarbene Militäruniformen anstelle der bisherigen blauen Uniformen der Polizeien der Län-

7 https://www.bpb.de/geschichte/zeitgeschichte/deutschland-archiv/295024/todesopfer-des-ddr-grenzregimes-eine-andere-sicht [Abruf am 25.05.2021].

8 Eppelmann, Rainer u.a. Hg. (1997), S. 550.

9 BArch Freiburg, DVH 27/128697, Bl. 41.

der in der Sowjetischen Besatzungszone. Drei Jahre später übernahm diese Deutsche Grenzpolizei die alleinige Überwachung und Kontrolle der Grenze von den Sowjets. 1958 hatte sich ihr Personalbestand bereits um 15.000 Polizisten auf 35.000 erhöht.[10]

Der 13. August 1961 veränderte das Grenzgebiet umfassend. Mit dem Mauerbau in Berlin und der damit verbundenen Schließung des letzten Schlupflochs wurden auch die Abriegelungsmaßnahmen an der ca. 1.400 km langen innerdeutschen Grenze forciert. An keinem Grenzabschnitt sollte es jemandem mehr gelingen, in den Westen zu fliehen. Die Grenzpolizei, zuletzt dem Ministerium des Innern unterstellt, wurde in das neu gebildete Kommando Grenze der Nationalen Volksarmee integriert, der Personalbestand weiter erhöht und das Sperranlagensystem ausgebaut und technisch erheblich modernisiert. Auf Weisung des Oberbefehlshabers der sowjetischen Streitkräfte wurden erstmals auch Minenfelder entlang der innerdeutschen Grenze angelegt.

Ein Jahr später, im September 1962, wurde zudem die Allgemeine Wehrpflicht in der DDR eingeführt. 18 Monate, 547 Tage, sollten nun alle jungen Männer im Alter von 18 bis 26 Jahren ihren Dienst an der Waffe leisten. In welcher militärischen Einheit der NVA der Rekrut eingesetzt wurde, stand in der Entscheidung des örtlichen Wehrkreiskommandos, meist zudem in Absprache mit dem Ministerium für Staatssicherheit. Der Staatsicherheitsdienst wurde insbesondere bei der Überprüfung derjenigen Wehrpflichtigen aktiv, die in das Grenzgebiet befehligt werden sollten. Im Geheimen führten MfS-Offiziere Ermittlungen durch, überprüften West-Kontakte von angehenden Soldaten und durchleuchteten deren persönliche politische Loyalität. Fiel der Wehrpflichtige »politisch-negativ« auf, kam er für einen Dienst an der Grenze nicht in Frage.

Eine Wehrdienstverweigerung bzw. ein Grundwehrdienst ohne Waffe waren anfangs nicht möglich.[11] Für den, der den Mut aufbrachte, sich dagegen aufzulehnen, stand viel auf dem Spiel: Haft, verhinderte Bildungschancen, persönliches Abseits. Der verordnete Einsatz an der Grenze brachte viele Wehrdienstleistende in Gewissensnöte, da sie dort damit konfrontiert wurden, auf die eigenen Bürger zu schießen. Einige lehnten es deshalb im Einberufungsgespräch ab, an die Grenze entsandt zu werden. Zunächst hatte dies für sie keine unmittelbaren Konsequenzen, sie wurden dann anderswo eingesetzt, aber der Ver-

10 Vgl. https://www.bstu.de/mfs-lexikon/detail/grenzpolizei/ [Abruf am 25.05.2021].

11 1964 wurden für diejenigen, die den Dienst an der Waffe ablehnten, auf Druck der Kirchen bei der NVA sogenannte Baueinheiten geschaffen. Pazifisten und Christen konnten fortan als Bausoldaten ihren 18monatigen Grundwehrdienst leisten. Allerdings mussten sie nach dieser Entscheidung mit besonders harten Schikanen während und nach der Bausoldatenzeit rechnen.

merk in der Einberufungsakte »verweigert Dienst an der Grenze« konnte langfristig Nachteile für sie haben, da die politische Standfestigkeit Risse zeigte.

Im inoffiziellen Ranking der Wehrdienstleistenden stand ein Einsatz an der Grenze an unterster Stelle. Anders war dies bei den Offizieren und länger dienenden Unteroffizieren, die sich freiwillig für den Grenzdienst entscheiden konnten. Auch die Grenzaufklärer waren in einer besonderen Position, da sie unter Einfluss des Ministeriums für Staatssicherheit gesondert und in eigenen Schulungs- und Ausbildungsstätten (Perleberg, Heldburg, Schiedungen bei Nordhausen und Suhl) ausgebildet und für spezielle Einsatzzwecke seit 1973 u.a. auf der mecklenburgischen Insel Stintenburg fortgebildet wurden. Die Grenzaufklärer galten als handverlesene Elite, waren bestens mit Waffen, motorisierten Fahrzeugen sowie spezieller Foto- und Videotechnik (inklusive Nachtsichtgeräten) ausgerüstet. Bei den wehrpflichtigen Grenzsoldaten hatten die Grenzaufklärer den Ruf als »Anscheißer«, weil sie schnell jedes Vergehen anzeigten.[12]

1971 wurden die Grenztruppen aus der NVA ausgegliedert und erhielten unter der Bezeichnung »Grenztruppen der DDR« einen Sonderstatus zugewiesen, der u.a. damit zu erklären ist, dass ihre Angehörigen bei den Abrüstungsverhandlungen zwischen Warschauer Vertrag und NATO nicht mehr zur Truppenstärke der DDR gezählt werden konnten. Aber es änderte sich noch mehr in der Organisation, denn die Kommandostruktur der Grenztruppen wurde erstmals klar zugeschnitten und hatte anders als zuvor jahrelangen Bestand.[13] Seit 1970/71 waren zwei Grenzkommandos für die Sicherung der innerdeutschen Grenze zuständig: Das Grenzkommando Nord mit Stabssitz in Stendal und das Grenzkommando Süd mit Stabssitz in Erfurt. Hinzu kamen noch die Grenzbrigade Küste mit Sitz in Rostock, die an Land und auf der See Überwachungsaufgaben wahrnahm (u.a. Inseln Poel, Rügen, Hiddensee), das Grenzkommando Mitte, das die Grenze zu West-Berlin sicherte, und Abschnittskommandos, die an den Grenzen zu den »sozialistischen Bruderländern«, der Volksrepublik Polen und ČSSR, Dienst taten.

Das Grenzkommando Nord konzentrierte sich bei der Sicherung der innerdeutschen Grenze auf einen 575 Kilometer langen Abschnitt, der sich von der Lübecker Bucht bis zum Südrand des Harzes zog. Das

12 Vgl. Karge (2019).

13 Allerdings gab es durch diese Umstrukturierung und spätere Änderungen in der Diszlozierung auch wiederholt neue nummerische Standortbezeichnungen.

Grenzgebiet war für die Überwachung eine Herausforderung, da es entlang der Grenzlinie sowohl viele Seen und Flüsse als auch die Waldgebiete des Mittelgebirges gab. Das Grenzkommando Süd verantwortete die Überwachung eines 816 km langen Grenzabschnittes vom Harz bis zum Dreiländereck DDR-Bundesrepublik-ČSSR.

Strukturell waren den beiden Grenzkommandos Mitte der 1980er Jahre 11 Grenzregimenter (GR) zugeordnet: Fünf dem Grenzkommando Nord mit dem GR 6 in Schönberg, GR 8 in Grabow, GR 24 in Salzwedel, GR 23 in Kalbe und GR 20 in Halberstadt; sechs dem Grenzkommando Süd mit dem GR 4 in Heiligenstadt, GR 1 in Mühlhausen, GR 3 in Dermbach, GR 9 in Meiningen, GR 15 in Sonneberg und GR 10 in Plauen. Darüber hinaus gab es je zwei Grenzausbildungsregimenter in Glöwen und Halberstadt sowie in Eisenach und Plauen. Im Grenzkommando Nord gab es zusätzlich Bootszüge und -kompanien, weil in deren Zuständigkeitsbereich u.a. die Elbe und andere Gewässer als Grenze verliefen. Im Grenzabschnitt des Grenzkommandos Süd in Nordhausen gab es für die Grenztruppen der DDR des Weiteren eine eigenständige Hubschrauberstaffel (HS-16), die dem zentralen Kommando der Grenztruppen in Pätz direkt unterstellt war.

Die Grenzregimenter waren die Schaltzentralen, wenn es um die Vorbereitung und Durchführung des Grenzdienstes ging. Den Grenzregimentern untergeordnet waren die Grenzbataillone, die sich wiederum aus Grenzkompanien zusammensetzten. In den Kompanien führten in der Regel ein Nachrichtentrupp und eine Kfz-Gruppe, vier Grenzaufklärer, sieben Offiziere, 21 Unteroffiziere und 61 Soldaten ihren Dienst aus. Sie waren unmittelbar in einem bestimmten Sicherungsabschnitt der Grenzkompanie aktiv. Ein Posten, der sich aus zwei Grenzsoldaten zusammensetzte, sicherte in der Regel 3,5 km; manchmal sogar wesentlich weniger, nur 1,7 km, wenn das Gebiet besonders gefährdet war. Nur an der Grenze zu West-Berlin, die 155 km lang war, war die Postendichte noch enger: Alle 400 m stand in der Hauptstadt ein Posten an der Mauer, zu Schwerpunktzeiten sogar alle 300 m. Deshalb belief sich der Personalbestand im Grenzkommando Mitte auch auf 13.000 Angehörige.[14]

Im Grenzkommando Nord gab es zuletzt 12.426 Beschäftigte, darunter 1.366 Offiziere, 2.639 Unteroffiziere, 7.547 Soldaten und 874 Zivilbeschäftigte. Im Grenzkommando Süd waren 13.891 Männer und Frauen

14 Vgl. Maurer (2016), S. 50ff.

tätig: 1.473 Offiziere, 2.824 Unteroffiziere, 8.690 Soldaten und 904 Zivilbeschäftigte.[15]

Bevor die für das Grenzgebiet ausgewählten Wehrpflichtigen in den Grenzsicherungseinheiten eingesetzt wurden, absolvierten sie zunächst eine halbjährige militärische Grundausbildung an den Grenzausbildungsregimentern. Dabei kam auch ihre politisch-ideologische Schulung nicht zu kurz. Die Ausbilder führten ihnen u.a. die »Feinde des Staates« vor. Es waren Fotos von DDR-Bürgern, von Flüchtlingen, im politischen DDR-Sprachgebrauch sogenannten »Grenzverletzern«, die sie fortan aufzuhalten hatten, und von Angehörigen der westlichen Polizei-, Zoll- und Streitkräfte, die es zu beobachten galt.

Die Vereidigung der »Kämpfer für den Frieden« wurde pompös auf öffentlichen Plätzen zelebriert: Mit Marschmusik, in Reih und Glied schritten sie im Exerzierschritt an Vorgesetzten, Parteifunktionären, Familien, Kindergarten- und Schulgruppen und Betriebskollektiven vorbei. Fähnchen wurden am Straßenrand geschwenkt, Jubelrufe erklangen. Tagelang mussten die Wehrpflichtigen hierfür die erforderlichen Exerzier- und Paradeformationen üben. Nichts sollte am Tag der Vereidigung dem Zufall überlassen werden, keine Blamagen vor der Öffentlichkeit, auch nicht vor den anwesenden Familien, die sie während der halbjährigen Ausbildung nicht sehen werden und in den Arm nehmen dürfen. Nach der Vereidigung zogen die Wehrpflichtigen mit ihren Angehörigen in Lokale, wo kräftig gefeiert wurde. Ein bis zwei Stunden Ausgang wurden ihnen dafür gewährt. Einige kehrten danach schon am ersten Tag ihrer aktiven Wehrdienstzeit betrunken in ihre Ausbildungseinheit ein. Es fragt sich, was da hinuntergespült wurde. Die ersten Beklemmungen? Der Fahneneid verlangte den Soldaten schon viel ab. Sie mussten den Schwur leisten, »dem Vaterland allzeit treu zu dienen« und »die Deutsche Demokratische Republik [...] auf Befehl der Arbeiter- und Bauernmacht gegen jeden Feind zu schützen.«[16] Außerdem versprachen sie Gehorsam, Disziplin, Ehrlichkeit, Tapferkeit und Wachsamkeit. Die Individualität musste den kollektiven Ansprüchen geopfert werden.

Erich Honecker, seit Mai 1971 Staatschef der DDR, erklärte am 3. Mai 1974 auf der 45. Sitzung des Nationalen Verteidigungsrates in seiner Funktion als dessen Vorsitzender: »Es muss angestrebt werden, dass Grenzdurchbrüche überhaupt nicht zugelassen werden, jeder Grenz-

15 Ebd. S. 52f.

16 Koop (1996), S. 119.

durchbruch bringt Schaden für die DDR [...] überall muss ein einwandfreies Schussfeld gewährleistet werden, [...] nach wie vor muss von der Schusswaffe rücksichtslos Gebrauch gemacht werden«.[17]

Die Schusswaffenverordnungen waren für die Soldaten an der innerdeutschen Grenze aber nie eindeutig, weshalb sich später die Eliten des SED- und Militärapparates vor ihrer Verantwortung drücken konnten, dass Menschen an der Grenze erschossen wurden. In den verschiedenen Vorschriften für die Soldaten ist von Warnschüssen in die Luft die Rede, von Rufen zum »Halt – Grenzposten – Hände hoch!«, bevor die Waffe als letztes Mittel der Gewaltanwendung zum Einsatz kommen sollte.

Täglich wurden die Grenzsoldaten jedoch von ihrem diensthabenden Vorgesetzten dazu verpflichtet: »Grenzverletzer sind festzunehmen oder zu vernichten«. Die Vergatterungsformel änderte sich erst zum Ende der DDR. Da verschwand das Wort »vernichten« aus der Aufforderung.[18] Der Vergatterungsbefehl dürfte die Grenzsoldaten unter erheblichen Druck gesetzt haben, schneller die Waffe zu ziehen und gezielt abzudrücken: Anders als es die offiziellen Vorschriften verlangten. Auch das System von Zuckerbrot und Peitsche dürfte nicht unerheblich auf das Verhalten Einzelner gewirkt haben. So bekamen die Grenzsoldaten Prämien, Auszeichnungen, Sonderurlaub, eine Beförderung, wenn sie Menschen an einer Flucht hinderten, selbst wenn sie diese dabei töteten.[19] Andere, die eine Flucht nicht mit allen Mitteln verhindert hatten, wurden bestraft. Das war die bittere Realität in den Grenzkompanien, die jedem bewusst war.

Ein ehemaliger DDR-Grenzer, der in den 1970er Jahren in Lassahn stationiert war, berichtet, dass es in seiner Dienstzeit »glücklicher Zufall« gewesen sei, dass er seine Waffe nicht auf einen Flüchtling richten musste. Aber er meint: Er hätte es getan, wenn es notwendig gewesen wäre. Flüchtlinge waren für ihn Verbrecher, davon war er überzeugt.[20]

Tausende Grenzsoldaten schossen absichtlich daneben und waren keine »schießwütigen Killer«[21], das muss man zu ihrer Verteidigung sagen. Da sprechen die MfS-Unterlagen und die Militärakten eine eindeutige Sprache.

Jeden Tag hatten die Grenzsoldaten wechselnde Schichten und andere Schlafzeiten, da die Grenze rund um die Uhr bewacht werden musste: Einige zu Fuß auf Streife, manchmal auch mit einem Dienst-

17 Abgedruckt in: Judt (1998), S. 166.

18 https://www.kas.de/c/document_library/get_file?uuid=73881bdb-af5e-0984-7b3b-be38aabebdcd&groupId=252038 [Abruf am 26.07.2021]

19 Vgl. Ebd., S. 240.

20 https://www.svz.de/12620891 [Abruf am 27.05.2021].

21 https://www.spiegel.de/geschichte/erinnerungen-eines-ddr-grenzsoldaten-a-949238.html [Abruf am 27.05.2021].

hund an der Leine, andere auf Beobachtungstürmen sitzend oder auf einem Krad oder Geländefahrzeug fahrend. In der Regel waren sie acht Stunden in ihrem Grenzabschnitt unterwegs, An- und Abmarschweg nicht eingerechnet. Wenn sie nicht auf dem Beobachtungsturm eingesetzt waren, hieß es acht Stunden lang im Schutzstreifen hin- und herzulaufen: Egal bei welchem Wetter, bei Hitze, Sturm, Nebel, Frost, Schnee.

Die Grenzsoldaten waren als sogenanntes Postenpaar im Schutzstreifen immer zu zweit, damit der eine den anderen überwachte. Meist erfuhr das Postenpaar erst kurz vor Schichtbeginn, mit wem man unterwegs sein würde. Der Partner wechselte täglich. Das Misstrauen der Führungsebene gegenüber den Wehrpflichtigen war groß.

Eintönig und still waren viele Diensttage im Grenzabschnitt, zumal es immer weniger Menschen gab, die es wagten, zu fliehen. Die Monotonie verleitete manchen Grenzsoldaten dazu, Alkohol auf dem Beobachtungsturm zu trinken, Karten zu spielen, Essen auf abenteuerliche Weise aufzuwärmen, Radio zu hören oder zu schlafen, obwohl all das laut Dienstvorschrift streng verboten war und eine Versetzung, Arrest oder Strafdienste als Disziplinarmaßnahmen nach sich ziehen konnte.

Nach Schichtdienstende kamen für die Grenzsoldaten noch Fortbildungen, Sporteinheiten und politische Schulungen dazu. Zudem mussten die Fahrzeuge, Waffen und Geräte von ihnen täglich gereinigt und gewartet werden. Dienstfrei hatten sie kaum. Vier Tage im Monat war es ihnen erlaubt, die Kaserne zu verlassen, meist hingen sie dann in einer örtlichen Kneipe oder in Tanzlokalen ab. Da sie währenddessen ihre Uniform nicht ablegen durften und an ihren Schulterstücken und dem grünen Ärmelband als Grenzsoldaten erkennbar waren, konnten diese Ausgänge auch zum Spießrutenlauf werden. Deshalb blieb manch einer lieber in der Kaserne und nahm die dort angebotenen Arbeits- und Interessengemeinschaften wahr wie Sport- und Musikgruppen oder Mal- und Fotozirkel. Urlaub, der Besuch von Familie und Freunden, wurde den Grundwehrdienstleistenden nur für 18 Tage in 18 Monaten gewährt. Offiziere, Unteroffiziere und Soldaten auf Zeit hatten da wesentlich mehr Anspruch.

Der Dienst an der Grenze war für viele Wehrpflichtige bedrückend und zermürbend, da die psychischen und physischen Anforderungen besonders groß waren. Wohl niemand hat die Zeit dort unbeschadet überstanden. Es gab fehlende Rückzugsmöglichkeiten, eine permanente Gefechtsbereitschaft, die tägliche Vergatterung ständig im Kopf, zu wenig Schlaf und Abwechslung, die lang andauernde Trennung von Familie und Freundin, die Willkür der Vorgesetzten, militärischen Drill und Drangsalierungen. Ein Soldat erinnert sich: »Insgesamt hatte nicht nur ich sehr wenig Freizeit. Die für die Weihnachtsfeiertage geplanten Veranstaltungen wie ein Skatturnier, Luftgewehrschießen und ein Tischtennisturnier fielen ohne Angaben von Gründen aus. Persönlich hatte ich ein oder zwei Wochen vor Weihnachten keinen Urlaub oder Ausgang mehr gehabt. In der Zeit, in der meine Gruppe Freizeit hatte, wurde ich zur Objektsicherung oder zur Alarmgruppe eingesetzt. Der häufige Dienst belastete mich nervlich, so dass ich zeitweise nicht mehr normal schlafen konnte, da ich immer damit rechnete, zum Dienst zu müssen.[22]

Als Ventile dienten den Soldaten oft übermäßiger Alkoholkonsum, Schikanen und Erniedrigungen untereinander. Bei einigen wurde der psychische Druck so groß, dass sie Selbstmord begingen. Andere wagten die Flucht in den Westen, weil sie es nicht mehr aushielten.

Die Flucht von Angehörigen der Grenztruppen war ein besonderes Politikum und wurde deshalb mit besonders hohen Gefängnisstrafen bis zu zehn Jahren geahndet. Desertionen galten als Verrat am Vaterland. Das Ministerium für Staatssicherheit hatte seine ganz eigene Interpretation für die Desertionen: »Eine der wesentlichen Ursachen der Fahnenfluchten aus den Einheiten der NVA und dem Kommando Grenze ist die ungenügende politisch-ideologische Erziehungsarbeit durch die verantwortlichen Polit- und Parteiorgane. In der Mehrzahl handelt es sich bei den Flüchtigen um junge Menschen, deren politisches Bewusstsein schwach entwickelt war und die mehr oder weniger durch die politisch-ideologische Einwirkung der gegnerischen Propaganda durch Rundfunk und Literatur, durch den Umgang mit negativen Personen und dadurch persönliche Bindungen nach Westdeutschland oder Westberlin negativ beeinflusst wurden.«[23] Besonders vor dem Mauerbau war die Zahl der Geflüchteten hoch. Von 1950 bis 1961 desertierten ungefähr 6.000 Angehörige der bewaffneten Organe in den Westen.[24] Nach dem 13. August 1961 nahm ihre Zahl ab. In der Zeit von 1968 bis 1989 versuchten 1.970 Armeeangehörige in den Westen zu fliehen. 603 von ihnen gelang

22 BStU, ZA, MfS HA I 13046, Bl. 28.

23 BStU, ZA, MfS ZAIG Nr. 545, Bl. 14.

24 Wenzke (2005), S. 290.

die Flucht.[25] Im Vergleich zu anderen Bevölkerungsschichten war die Zahl der gelungenen Fluchtversuche unter den Militärangehörigen besonders hoch, was vor allem daran lag, dass die Soldaten das Grenzgebiet und die zu überwindenden Hindernisse genau kannten.

Allerdings kam es dabei auch vor, dass die Fahnenflüchtigen auf ihre Kameraden schossen. Mindestens 13 solcher Fälle soll es gegeben haben. Insgesamt sind zwischen 1949 und 1989 mindestens 26 Grenzsoldaten an der Grenze ums Leben gekommen.[26] Um die im Grenzdienst getöteten Soldaten betrieb die DDR-Staatsführung einen regelrechten öffentlichen Heldenkult. Ihnen wurden Denkmäler und Ehrensteine gesetzt, an denen zu bestimmten Anlässen Kränze und Blumen niedergelegt wurden. Die vielen anderen Toten an der Grenze hingegen wurden tabuisiert, stigmatisiert und manchmal nur in anonymen Gräbern verscharrt.

Die Grenztruppenführung war sich der angespannten Lage in den Kompanien bewusst, nicht nur was die Gefahr von Desertionen betraf. Das Ministerium für Staatssicherheit hatte deshalb den Auftrag, gleich mit mehreren Abteilungen im Grenzgebiet zu agieren und Inoffizielle Mitarbeiter (IM) unter den Grenzsoldaten zu rekrutieren. Diese hielten Augen und Ohren für die Stasi offen, berichteten über Stimmungen und Vergehen. Sie verrieten auch Kameraden. So kam neben vielen anderen Gefühlen auch dieses hinzu: Das ständige Misstrauen, da niemandem vertraut werden konnte.

Manch einem Soldaten konnten 547 Tage Wehrdienst an der Grenze endlos vorkommen. Denn das totalitäre System mit all seinen Strukturen und Folgen erlebten die Wehrdienstleistenden an der Grenze in zugespitzter Form. Sie waren völlig abgeschnitten von der Außenwelt, absolut durchstrukturierten Tagesabläufen ausgesetzt, in denen das Schlafen, das Arbeiten und die Freizeit minutiös vorgegeben und kollektiv organisiert waren, und sie hatten permanent gehorsam zu sein. Sie sollten nicht zum Nachdenken, zum Zweifeln am System kommen, deshalb wurden ihnen keinerlei private Nischen gewährt, also jene kleinen Rückzugsorte, die sie zumindest noch aus dem zivilen Alltag kannten. Achtzehn lange Monate, ohne eine ernsthafte Chance, selbstbestimmt und frei zu handeln. [27]

25 Siehe Tabelle in Ebd., S. 291.

26 Schröder/Staadt (2017).

27 Gröschner/Messmer (2016), S. 262.

Ein Obermatrose der 1. Bootskompanie in Dömitz, September 1976

Ein Grenzpostenpaar erhält Unterstützung durch eine angeforderte Alarmgruppe im Grenzabschnitt des Grenzregiment-1 in Mühlhausen, 1982

Inspektion eines Hubschrauber Mi-8 mit Kamera AFA-42 zur Luftaufklärung der Hubschrauberstaffel-16 der Grenztruppen in Salzwedel, Januar 1986

Wagenpflege an einem KdF-Käfer in Marienborn, Sommer 1949

Ein Grenzpolizist unweit des Kontrollpassierpunktes bei Worbis, Herbst 1956

Eine Zug Grenzpolizisten der Grenzbereitschaft Hildburghausen, Sommer 1950

Zwei Unteroffiziere der Deutschen Grenzpolizei mit einem sowjetischen Gefreiten, 1953

Offiziere und Unteroffiziere der Grenzpolizei in neuer einheitlich blauer Uniformierung am Hotel »Heinrich Heine« in Schierke, 1951

Provisorischer Postenpunkt der Grenzpolizei an einer der Allerbrücken in Weferlingen (Nähe Helmstedt), Winter 1951/52

Ein Postenführer der 2. Grenzbrigade in Magdeburg mit Sprechmuschel am Postenpunkt, Winter 1958

Empfang der frisch eingekleideten Offiziersschüler des 1. Ausbildungsjahrganges am Standort der Offiziershochschule der Grenztruppen in Suhl, 1985

Einweisung in den Umgang mit einer mobilen Feldküche auf dem Ausbildungsgelände der Fähnrich- und Aufklärerschule der Grenztruppen in Suhl, 1986

Kleiderappell von Teilnehmern des Berufsunteroffiziers-Lehrgangs an der Fähnrich- und Aufklärerschule in Suhl, 1986

Fähnriche mit Familien nach ihrem offiziellen Ernennungs-Zeremoniell an der Fähnrich- und Aufklärerschule in Suhl, 1986

Unterweisung von Angehörigen des Grenzregiment-23 »Wilhelm Bahnik« in Kalbe in die gepanzerte Technik der sowjetischen Partnereinheit in Gardelegen, Winter 1973

Vorbereitung zur wöchentlichen politischen Weiterbildung in der 9. Grenzkompanie Veltheim des Grenzregiment-25 »Neidhardt von Gneisenau« in Oschersleben, Oktober 1973

Einweisung eines Unteroffiziers des Grenzregiment-23 »Wilhelm Bahnik« in Kalbe bei der Panzerbekämpfung durch einen sowjetischen Hauptmann auf dem Truppenübungsplatz des Partnerregiments in Gardelegen, Herbst 1973

Rede des Kommandeurs des Grenzkommandos Nord auf einer Ehrentribüne in der Innenstadt von Magdeburg anlässlich der Vereidigung von Wehrdienstleistenden des Grenzausbildungsregiment-5 »Gustav Sobottka« in Glöwen, Frühjahr 1980

Fahnenkommando zur Vereidigung von Wehrdienstleistenden des Grenzausbildungsregiment-5 »Gustav Sobottka« in Glöwen auf der Wilhelm-Pieck-Allee in der Magdeburger Altstadt, Frühjahr 1980

Junge Ausbildungssoldaten des Grenzausbildungsregiment-5 »Gustav Sobottka« in Glöwen auf ihrem Weg zur Vereidigung, 1978

Fahnenkommando des Grenzausbildungsregiment-5 »Gustav Sobottka« in Glöwen anlässlich des Appells zur Auszeichnung »Bester Truppenteil«, 1983

Bahnanreise von Offiziersschülern des 1. bis 3. Ausbildungsjahrgangs der Offiziersschule in Suhl zur Ehrenparade der NVA in Ost-Berlin anlässlich des Gründungstages der DDR, 1983

Exerzierübung von Offiziersschülern der Grenztruppen auf einem eigens auf dem Flughafen Berlin-Schönefeld gesperrten Rollfeld zur Vorbereitung der Ehrenparade der NVA anlässlich des Gründungstag der DDR, Oktober 1983

Schutzausbildung gegen Massenvernichtungswaffen bei einer Feldübung im Grenzkommando Nord in Stendal, Sommer 1980

Schützenausbildung am leichten Maschinengewehr in der 3.Grenzkompanie in Kaulitz des Grenzregiment-24 in Salzwedel, Herbst 1974

Ausbildung im Umgang mit der sowjetischen Panzerbüchse auf dem Truppenübungsplatz des 7. Ausbildungsbataillon in Wismar, Sommer 1969

Angehörige einer Ausbildungskompanie bei einem Marsch als Teil des militärischen »Härtekomplexes« des Grenzausbildungsregiment-7 in Halberstadt, Sommer 1972

Anweisung an einen Soldaten der Hubschrauberstaffel-16 zur Ausnutzung der selbst geschaffenen Erddeckung auf dem Übungsplatz des Truppenteils, April 1980

Teilnehmer des FDJ-Bewerberberkollektivs für die Offizierslaufbahn werden von einem Ausbilder des Grenzausbildungsregiment-7 »Martin Hopp« am Standort der Einheit in Halberstadt begrüßt, ca. 1985

Afghanische Offiziersschüler im 2. Ausbildungsjahr erhalten 1987/88 eine Weiterbildung an der Offiziershochschule der Grenztruppen der DDR in Suhl, 1987

Jung- und Thälmannpioniere erwarten die feierliche Waffenübergabe an Wehrdienstleistende des Grenzausbildungsregiment-7 »Martin Hopp« in Halberstadt, Spätsommer 1979

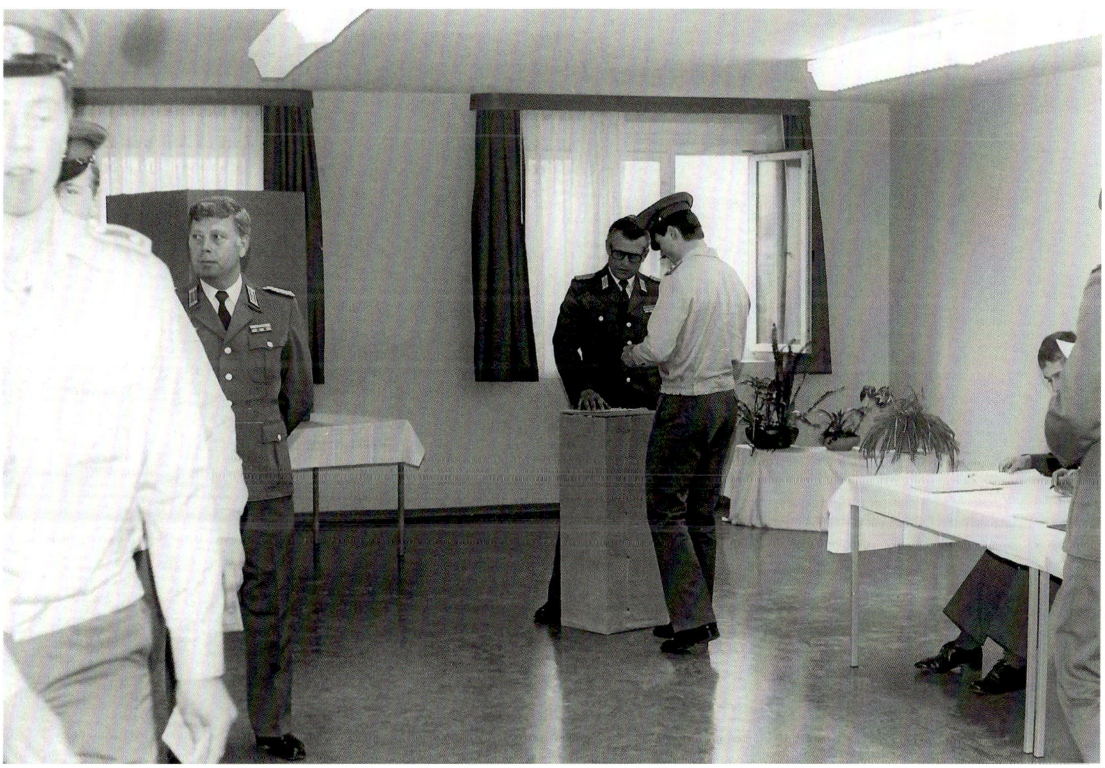

Abgabe des Stimmzettels zur Volkskammerwahl 1986 an der Offiziershochschule der Grenztruppen der DDR in Suhl, Juni 1986

Aufgebahrter Sarg eines gefallenen Grenzsoldaten in Reichenbach, Mai 1982

»Ehrenzimmer« der Grenzkompanie in Sommersdorf (Grenzabschnitt Tagebau Harbke), Dezember 1987

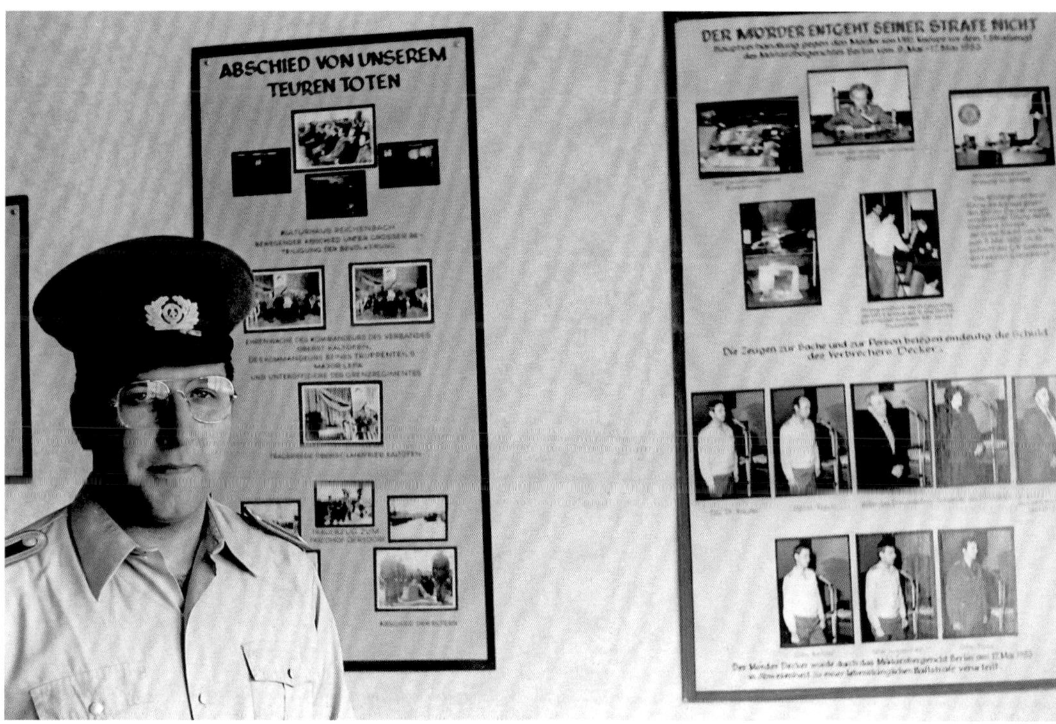

Wehrdienstleistende in sogenannter „Schwarzkombi" bei der regulären Waffenreinigung der Kalaschnikow AK-47 in einer Grenzkompanie des Grenzkommando Nord, ca. 1975

Waffenkammer der 9. Grenzkompanie in Neuenbau mit Maschinenpistolen AK-47, leichtem Maschinengewehr und Panzerbüchsen, ca. 1974

Schießausbildung der Fähnrich- und Grenzaufklärerschule Nordhausen in Friedrichslohra, 1985

Streng untersagte Privataufnahme mit Waffenpose an der Sprechstelle am Kolonnenweg im Abschnitt des Grenzkommando Süd in Erfurt, 1985

Ausbildung zum Aufgreifen eines mutmaßlichen Grenzverletzers, ca. 1960

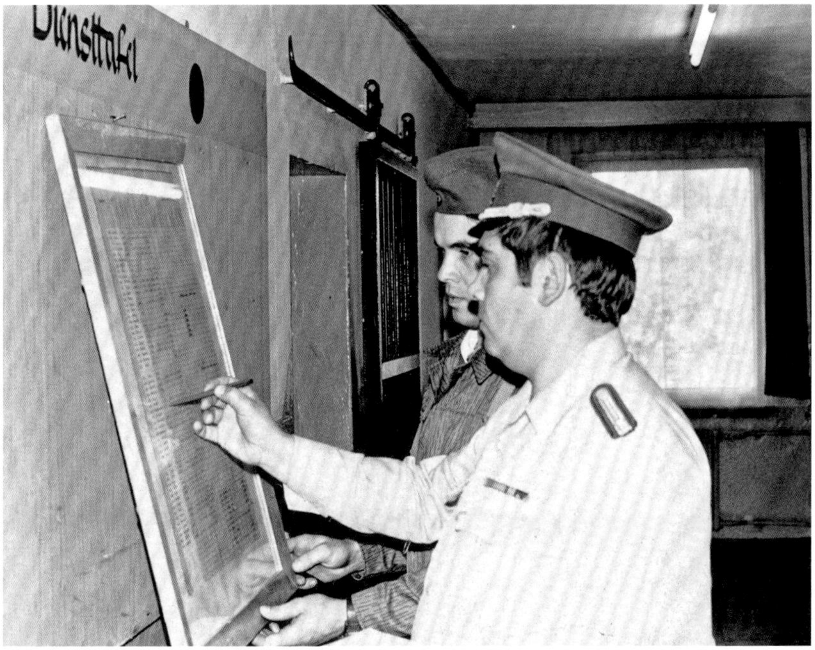

Überprüfung der Schichteinteilung durch einen Fähnrich und einen Unteroffizier zum täglichen Grenzdienst in einer Grenzkompanie des Grenzregiment-23 »Wilhelm Bahnik«, Sommer 1983

Belobigung eines Fähnrichs und Postenführers mit der Medaille für vorbildlichen Grenzdienst in der 1. Grenzkompanie Rückerswind des I. Grenzbataillon in Schalkau anlässlich einer verhinderten Flucht, August 1985

Postenpaar der 3. Grenzkompanie in Bahlen des Grenzregiment-8 in Grabow, Frühjahr 1974

Vorbereitung zum Grenzdienst auf dem Kasernenhof der 3. Grenzkompanie in Tripkau des Grenzregiment-8 »Robert Abshagen« in Grabow, 1975

Schichtablösung in einem Grenzabschnitt des Grenzregiment-8 »Robert Abshagen« in Grabow, September 1976

Einweisung der sowjetischen 12. Garde-Panzerdivision in Neuruppin zur Modernisierung der Nachrichtentechnik im Grenzgebiet Marienborn durch Verantwortliche des Wehrbezirkskommando Magdeburg, Mai 1984

Posten in Flecktarnfelddienstuniform mit angeschlagener Maschinenpistole am doppelreihigen Grenzzaun mit Erdminensperre unterhalb der Burgruine Hahnstein, März 1965

Verbotenes Privatfoto eines Postenführer am Kontrollstreifen im Grenzabschnitt des Bezirks Magdeburg, 1956

Ausrücken einer Alarmgruppe aus dem Unterkunftsgebäude im Grenzabschnitt des Grenzkommando Nord, 1982

Verbotenes Privatfoto vor den Halden des Tagebaus Harbke an der durch Minen gesicherten Grenzlinie, Dezember 1963

Schichtende eines Postenpaares des Grenz-regiment-23 »Wilhelm Bahnik« in Kalbe, 1973

Kontrolle eines motorisierten Postenpaares des I. Grenzbataillon in Ilsenburg auf dem Weg in das Grenzgebiet, 1973

Beobachtung des Postengeschehens im Grenzabschnitt des Grenzregiment-23 »Wilhelm Bahnik« in Kalbe, 1973

Postenpaar auf dem Kolonnenweg im Grenzabschnitt des Grenzregiment-20 »Martin Schwantes« in Halberstadt, 1981

Zivilangestellte im Traditionszimmer
der 9. Grenzkompanie in Neuenbau, 1974

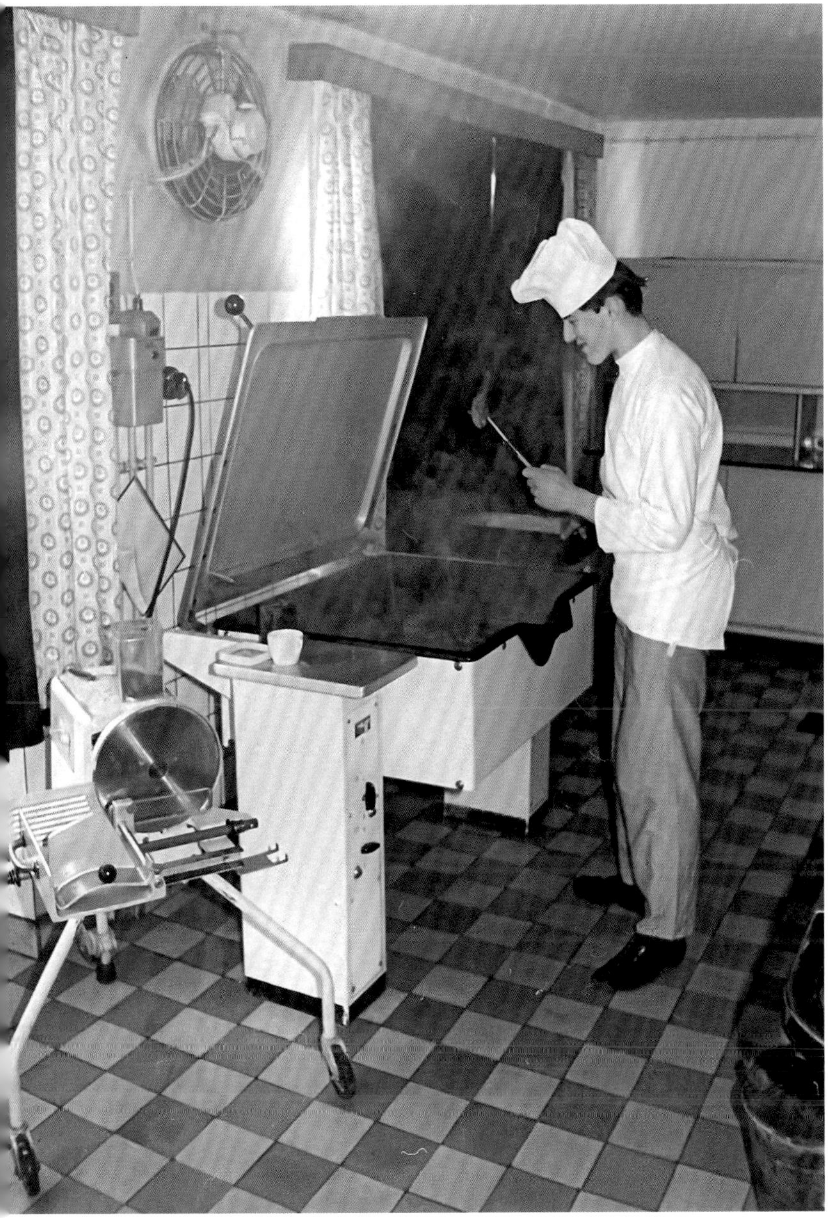

Küche der 9. Grenzkompanie in Neuenbau, 1974

Persönlicher Schrank eines Postenführers in der Mannschaftsstube der 9. Grenzkompanie in Neuenbau, 1974

Wachposten am Zufahrtstor der 9. Grenzkompanie in Neuenbau, 1974

Soldat der 9. Grenzkompanie in Neuenbau unter dem »Wachpilz« an der Zufahrt des Kompaniestandorts, 1974

Vergatterung einer Fahrzeugstreife zu Dienstbeginn bei der 9. Grenzkompanie in Neuenbau, 1974

Alarmgruppe der 9. Grenzkompanie in Utecht auf dem Weg zum Einsatzort, 1975

Auszeichnungen an Soldaten und Gruppenführer durch den Kompaniechef und den stellvertretenden Kompaniechef für politische Arbeit in Neuenbau, 1975

Angetretende Grenszoldaten kurz vor der Entlassung in die Reserve in Neuenbau, 1975

Entlassungskandidaten beim letzten Blick auf ihre Einheit in Neuenbau, 1975

Kompaniegebäude der
2. Grenzkompanie in Sülzhayn
der 9. Grenzbrigade in Erfurt
im Winter 1962/63

Kompaniehof der
9. Grenzkompanie
in Neuenbau, 1974

Fahrzeuginstandsetzung auf dem Fahrzeughof
des III. Grenzbataillon des Grenzregiment-1 in Herda,
April 1983

Meldung eines Postenführers an die Führungsstelle im Grenzabschnitt der 2. Grenzkompanie in Gollensdorf des Grenzregiment-24 in Salzwedel, Sommer 1976

Streife der 2. Grenzkompanie in Gollensdorf des Grenzregminent-24 in Salzwedel bei der Kontrolle eines Bachverlaufes im Grenzgebiet, Sommer 1976

Wachtmeister der Grenzpolizei Thüringen vor einer Straßensperre zur amerikanischen Zone an der Verbindungsstraße zwischen dem thüringischem Schweickershausen und dem fränkischen Ermershausen, Sommer 1950

Patrouille eines Streifenposten am Rande des zugewiesenen Grenzabschnittes im Grenzregiment-6 Schönberg, 1974

Ausgezeichnete Grenzsoldaten mit Gruppenführer eines Kompaniestandortes des Grenzregiment-23 »Wilhelm Bahnik« besuchen das Traditionszimmer des Truppenteils in Kalbe, 1981

Angehörige des Sicherungszuges der Grenzübergangsstelle in Oebisfelde bei der Erstellung eines Fotos für die »Bestenstraße« am Dienststandort, April 1983

Regimentsleitung des Grenzregiment-6 »Hans Kollwitz« im Traditionszimmer der Einheit in Schönberg, Herbst 1978

der DDR ist fest im Werden und Wachsen unserer Republik verwurzelt.
1961-1976
1977-1981
Internationale Klassenkampfsituation

Privates Erinnerungsfoto von Entlassungskandidaten mit Traktor ZT-300 auf dem Fahrzeugpark des III. Grenzbataillon in Herda, 1983

Entlassungskandidaten mit Geländefahrzeug UAZ-469
auf dem Fuhrpark des III. Grenzbataillon in Herda, 1983

Einweisung eines Postenführers im zugewiesenen Grenzabschnitt durch einen Gruppenführer an einer Anschlussstelle des Grenzmeldenetzes im Grenzabschnitt des Grenzregiment-9 »Conrad Blenkle« in Meiningen zwischen Hildburghausen und Bad Rodach, Sommer 1983

Fahrzeugkontrolle kurz zur Einfahrt in den Schutzstreifen im Grenzbereich des Grenzregimentes-9 in Meiningen zwischen Hildburghausen und Bad Rodach, Sommer 1983

Angehörige der Sicherungskompanie in Marienborn mit ihrem Kompaniechef bei einem Gespräch zur aktuellen politischen Lage im Traditionszimmer der Einheit, ca. 1975

Wahlversammlung zur Leitung der FDJ-Grundorganisation durch Angehörige der 2. Grenzkompanie in Ilsenburg im Fernsehraum der Einheit, ca. 1975

Die Führung des Grenzkommando Nord vor dem Mehrzweckgebäude mit Offiziersklub, Gaststätte und Kultursaal auf dem Gelände des Kommandos an der Gardelegener Straße in Stendal, Sommer 1980

Besuch des Ministers für Nationale Verteidigung der DDR, des Kommandeurs des Grenzkommando Nord und des Kommandeurs der Offiziershochschule der Grenztruppen der DDR im Grenzabschnitt der 6. Grenzkompanie in Ohrsleben, November 1976

Ein Zugführer des Grenzregiment-6 erreicht einen Postenpunkt im Grenzabschnitt der 6. Grenzkompanie in Utecht, Winter 1973

Vergatterung von Soldaten einer Grenzkompanie des Grenzregiment-24 »Fritz Heckert« in Salzwedel, 1978

Einmessen eines Kabelfehlers am Grenzmeldezaun durch einen Zug- und einen Truppführer der Pionierkompanie-27 des Grenzregiment-15 »Herbert Warnke«, Februar 1988

Angehörige eines Grenzschutzpostens der 6. Grenzbrigade in Rostock mit einer Oberwachtmeisterin bei der Freizeitbeschäftigung, Sommer 1952

Freizeitsport von Angehörigen des III. Grenzbataillon in Ilsenburg am Bataillonsstandort »Die Hundertmorgen«, 1974

Agitationsarbeit durch »Zeitungsschau« eines Zugführers während einer Truppenübung des Grenzregiment-6 in Schönberg, Sommer 1974

Waffenreinigung von Unteroffiziersschülern auf dem Zimmer in der Unteroffiziersschule VI der Grenztruppen in Glöwen, Winter 1972

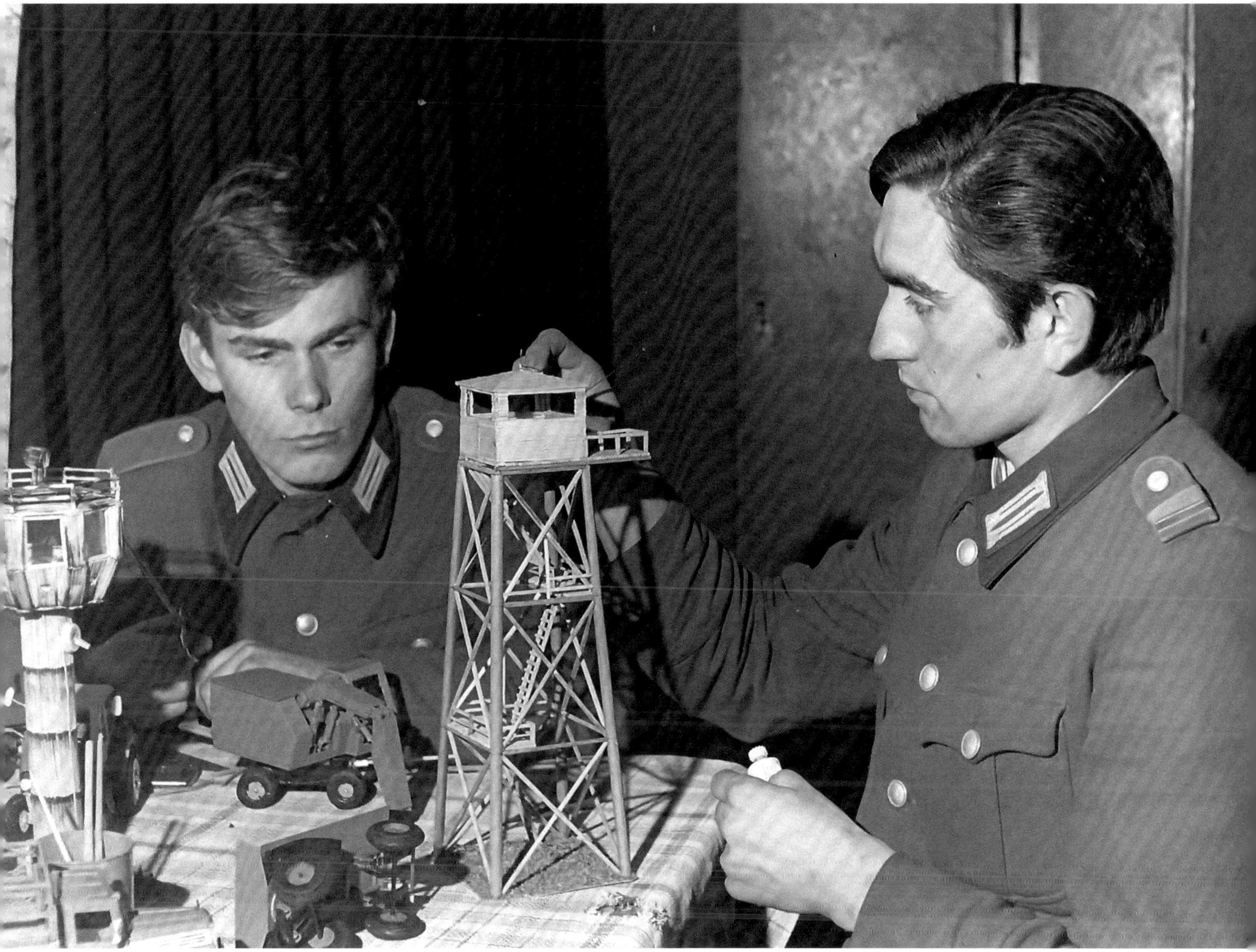

Bastelarbeiten von Soldaten des III. Grenzbataillon
in Lassahn, 1970

Soldat der 9. Grenzkompanie in Veltheim im Clubraum des Kompaniegebäudes, Oktober 1971

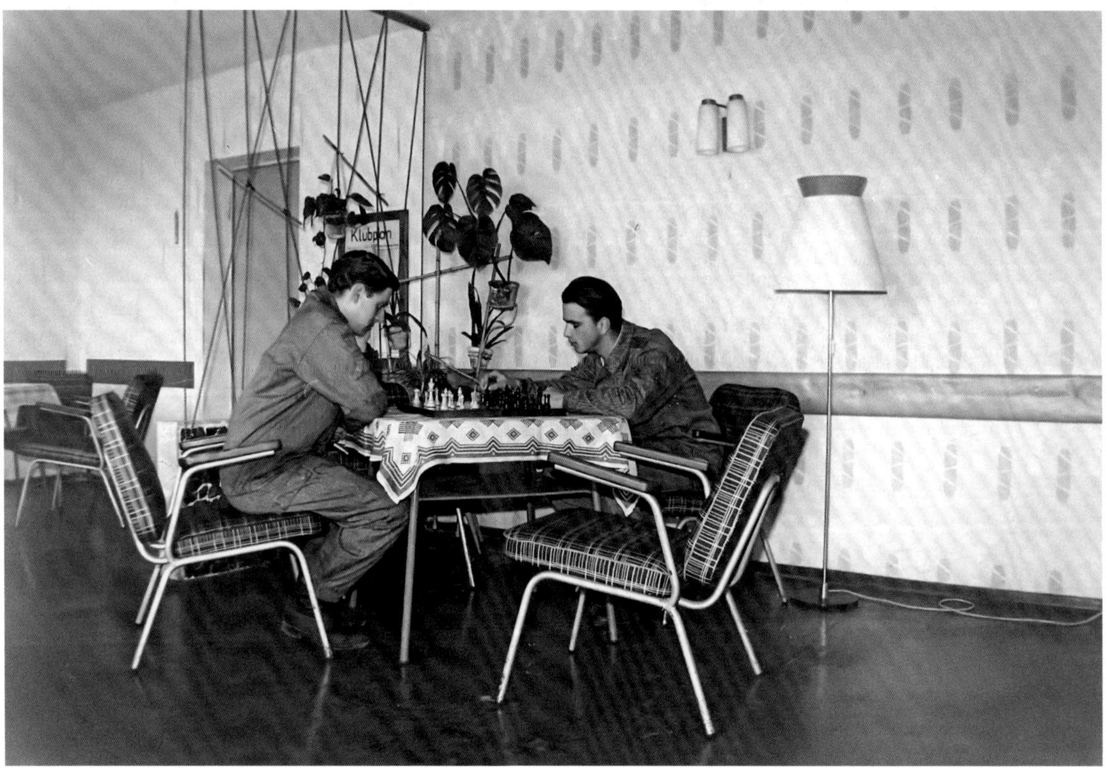

Schachspiel im Klubraum der 9. Grenzkompanie in Neuenbau, 1974

Freizeitabend im Clubraum des Grenzregiment-23
»Martin Schwantes« in Kalbe, 1973

Der stellvertretende Minister für Nationale Verteidigung und Chef der Volksmarine bei einem Regimentsbesuch im Clubkeller des Regimentsstandortes des Grenzregiment-25 »Neidhardt von Gneisenau« in Oschersleben, ca. 1975

Clubraum des III. Grenzbataillon in Herda, 1983

Abschiedsfeier von Angehörigen
der 6. Grenzkompanie in Neuenbau, 1974

Grillabend auf dem Kasernenhof der 7. Grenzkompanie des Grenzbezirkskommando-4 in Sonneberg, 1989

Angehörige des Standortes Nordhausen in der Dienstfreizeit, 1986

Besuch von Angehörigen des sowjetischen Partnerregiments anlässlich der Woche der Waffenbrüderschaft im Grenzausbildungsregiment-7 in Halberstadt, Februar 1973

Die Grenzsoldaten und die Grenzbevölkerung

»Guten Tag – Kontrolle! Bitte Ihre Dokumente für die Einreise und den Aufenthalt im Grenzgebiet!« war eine tägliche Aufforderung von Polizisten und Grenzsoldaten, die die Bewohner im Sperrgebiet über sich ergehen lassen mussten. Dies manchmal sogar mehrmals am Tag, egal ob sie schon einmal kontrolliert wurden. Der Preis für ein Leben in diesem abgeriegelten Gebiet war hoch und von Entbehrungen geprägt, die deutlich schlimmer waren als außerhalb dieser Zone. Wenn man den Alltag dort verstehen will, auch das ambivalente Miteinander der Bewohner mit den Grenzsoldaten, dann muss man zunächst zurückblicken in das Jahr 1952.

Der Beschluss der Regierung der DDR vom 26. Mai 1952 über »Maßnahmen an der Demarkationslinie« und die dazu erlassenen Verordnungen veränderten das Leben der Grenzbewohner grundlegend und waren bis zum 9. November 1989 nahezu unverändert gültig. 300 Ortschaften mit 200.000 Einwohnern waren seinerzeit von der neuen Grenzordnung betroffen.[28]

Alle Orte, die fünf Kilometer von der Grenzlinie entfernt lagen, wurden zum Sperrgebiet, »um«, wie der propagandistische Erklärungsversuch lautete, »ein weiteres Eindringen von Diversanten, Spionen, Terroristen und Schädlingen in das Gebiet der Deutschen Demokratischen Republik zu verhindern.«[29] Die Einwohner bekamen einen Sonderstempel in ihren Personalausweis, der nur sie zu einem Leben im Sperrgebiet berechtigte. Besuche von Angehörigen mussten nun auch genehmigt werden. Es war genau vorgegeben, wer kommen durfte und wer nicht. Nur bei Todesfällen und lebensgefährlichen Erkrankungen war es Verwandten ersten und zweiten Grades erlaubt, die Sperrzone zu betreten. Bei der Geburt eines Kindes durften nur die Großeltern einreisen. Tanten, Onkel, Neffen, Nichten waren von dieser Regelung ausgeschlossen.[30] Passierscheine wurden zum Luxusgut, auch für jene, deren Betriebe im Sperrgebiet lagen. Das betraf vor allem Bauern und später, nach der Zwangskollektivierung, die Angehörigen von Landwirtschaftlichen Produktionsgenossenschaften (LPG) und der staatlichen Forstwirtschaft, die dort Flächen bewirtschafteten.

28 Ritter/Lapp (1997), S. 197.

29 Zit. nach Gesetzblatt der DDR: »Verordnung der SED über Maßnahmen an der Demarkationslinie zwischen der DDR und den westlichen Besatzungsmächten Deutschlands«, abgedruckt in: Herz (o.J.), S. 6.

30 BStU, Ast. Schwerin, MfS AOP 492/62, Bl. 199.

Zudem wurden alle Versammlungen, Feiern und kulturellen Veranstaltungen genehmigungspflichtig. Öffentliche Gaststätten, Kinos, Pensionen, Erholungsheime im 500-m-Schutzstreifen wurden geschlossen. Der Aufenthalt im Freien war den Bewohnern im Schutzstreifen nur noch von Sonnenaufgang bis 22 Uhr gestattet, im Winter bis 21 Uhr.[31]

In allen Grenzorten gab es Menschen, die die Reglementierungen nicht einfach hinnahmen. Einige verließen Haus und Hof und flüchteten in den Westen, weil sie derartige Einengungen ihres Lebens nicht ertragen konnten. Andere äußerten ihren Zorn öffentlich, nahmen Worte wie Gefängnis und Zwangsjacke in den Mund, um das auszudrücken, was sie mit der Umsetzung der Verordnungen empfanden.[32] Die Maßnahmen der DDR-Regierung, so analysierte die Staatssicherheit nach Auswertung der eingehenden Stimmungsberichte aus den Grenzorten, hatten Groll in der Bevölkerung geschürt und zu »staatsfeindlicher Hetze« angestachelt. Nicht wenige kamen dafür ins Gefängnis, andere wurden aus dem Sperrgebiet zwangsausgewiesen. Sie bekamen den Stempel »Ungeziefer« aufgedrückt: Jene 8.000 Menschen, die im Juni 1952 gewaltsam aus den Sperrgebieten ausgesiedelt wurden.[33] Zurück ließen sie manchmal jahrhundertealte Höfe und Fachwerkhäuser, Mengen an persönlichem Hab und Gut, das in der Schnelle des Abtransportes nicht auf die Pferdewagen oder LKW passte. Ihre Heimat sahen die meisten nie wieder. Oft wurden auch ihre Häuser dem Erdboden gleichgemacht. In den 1960er Jahren begannen die Schleifungen: Ganze Ortschaften, die im Sperrgebiet lagen, verschwanden in diesen Jahren von der Landkarte. Den Zwangsausgewiesenen blieb nur die Erinnerung an ihr Land mit Obstbäumen und die ständige Sehnsucht danach: »Denn Heimatsehen wird nicht stille, wenn man in der Ferne ist.«[34]

Im Oktober 1961 folgte die nächste große Zwangsaussiedlungswelle aus den Sperrgebieten mit dramatischen Szenen in allen Orten, denn niemand der 3.000 Männer, Frauen und Kinder wollte freiwillig gehen.

Die Leerstellen, die die Zwangsausgesiedelten hinterließen, wurden durch regulierte Zuzüge wieder gefüllt. Dabei war sicherzustellen, wie es in internen Dokumenten hieß, »dass nur in jeder Hinsicht zuverlässige und einwandfreie Personen berücksichtigt werden. Darüber hinaus ist größter Wert darauf zu legen, dass sich möglichst viele Inoffiziel-

31 BArch Freiburg, DVH 27/128705, Bl. 212ff.

32 BStU, ZA, MfS AS 204/62, Bd. 13, Bl. 26.

33 Vgl. Bennewitz/Potratz (2002).

34 Zit. nach: Toben (2008), S. 50.

le Mitarbeiter unter diesem Personenkreis befinden.«[35] Wer berechtigt war, in der Sperrzone zu leben, war genau festgelegt.[36] Grundsätzlich hatten diejenigen keine Chance, die »sich der Arbeit verweigerten«, die eine negative Einstellung gegenüber der DDR zeigten, deren Lebensweise oder Familienverhältnisse zerrüttet waren, deren Familienangehörige geflüchtet waren, die als kriminell eingestuft wurden und die vorbestraft waren.[37]

Ziel der Zwangsaussiedlungen war die Bereinigung des Grenzgebietes von politisch unzuverlässigen Bewohnern. Sie sollten aber auch die Botschaft an die Dagebliebenen vermitteln: Jederzeit ist es möglich, Haus und Hof zu verlieren, also passt euch lieber an. Es dauerte tatsächlich nicht lange, bis die Angst in den Grenzgemeinden und mit ihr der Gehorsam Einzug hielten. Schon bei den Zwangsaussiedlungen 1961 solidarisierte sich nur noch eine kleine Minderheit von Nachbarn, die nicht betroffenen waren, mit den Vertriebenen. Die Mehrheit begrüßte die Maßnahmen.[38]

Wenn man sich den Zwängen einer stetig zunehmenden Diktatur nicht schnell und deutlich genug entgegenstellt, werden sie bald zur Normalität und die Unterworfenen zu Komplizen. Wie überall im Land entwickelten sich auch die meisten Grenzbewohner zu Mitläufern und Passiven, die für jede Diktatur unverzichtbar sind. Wer die Umstände im Sperrgebiet nicht aushielt, zog freiwillig weit weg von der Grenzlinie. Andere nutzten die Chance der Ortskenntnis, um in den Westen zu fliehen.

Aber viele von ihnen nahmen hin, was dort mit ihnen geschah. Sie sahen auch weitgehend wortlos, wenn auch innerlich verbittert zu, wie die Pioniere der Grenztruppen nach dem Mauerbau damit begannen, dicht an ihren Gehöften 2,80 m hohe Grenzsignal- und Sperrzäune zu errichten, sodass sie, wenn sie aus ihren Fenstern gen Westen blickten, tagtäglich diese Ungetüme aus Streckmetall sahen und jedes Mal daran erinnert wurden, »im Käfig zu leben«.[39] Aber sie richteten sich ein in ihren Wohnorten, selbst wenn sich diese zu Festungen entwickelten. Rüterberg zum Beispiel bei Dömitz, ein kleiner Ort im südwestlichsten Zipfel von Mecklenburg, auf einer Landzunge in einem Knick der Elbe gelegen, grenzte direkt an Niedersachsen. Der Ort war komplett von einem drei Meter hohen Grenzzaun aus Streckmetallplatten umgeben.

35 BStU, ZA, MfS AS 75/65, Bd. 2, Bl. 62.

36 BStU, Ast. Schwerin, MfS AOP 492/62, Bl. 207.

37 BStU, Ast. Schwerin, MfS KD Gadebusch Nr. 11140, Bl. 50.

38 Vgl. auch Bennewitz/Potratz (2002), S. 137ff.

39 Wolle (1998), S. 281.

Seit 1967 konnten die Rüterberger ihre Wohnhäuser lediglich durch ein Tor im Grenzzaun erreichen. Besucher durften sie nur in Ausnahmefällen und mit Sondergenehmigung empfangen. Von 22.00 Uhr bis morgens um 5.00 Uhr wurde das Tor abgeriegelt. Niemand kam dann mehr rein oder raus.[40]

Auch wenn sich die meisten Grenzbewohner mit dem widrigen Alltag im Sperrgebiet arrangierten, zweifelte die SED-Führung immer wieder an deren politischer Loyalität und versuchte mit Zuckerbrot und Peitsche, die Menschen an das System zu binden. So sollten etwa auch durch wohl dosierte Privilegien, wie ein größeres Warenangebot in den Verkaufsstellen, mehr Kultur, eine bessere medizinische Versorgung oder mehr Lohn die Grenzbewohner gefügig gemacht werden. Darüber hinaus spannte das »Schild und Schwert der SED«, das Ministerium für Staatssicherheit, ein dichtes Netz an Inoffiziellen Mitarbeitern über die Grenzorte und vergiftete das dortige Zusammenleben. Niemand konnte sicher sein, wer ein Zuträger war und berichtete: Ist es der Hausnachbar, der Arbeitskollege, der Ehemann? Das Gefühl einer allgegenwärtigen Überwachung auch durch die anderen Sicherheitsorgane wie Volkspolizei, Transportpolizei usw. bewirkte, dass der Unmut, der vielerorts in den Anfangsjahren in Erscheinung trat, sich bald nicht mehr sichtbar zeigte. »Überall Aufpasser! Leute, vor denen wir uns vorsehen mussten. Es wurde wirklich Jahr für Jahr dann schlimmer«, erinnert sich eine Grenzbewohnerin.[41]

Der Anpassungsdruck, die Mechanismen einer Diktatur, führten im Verhältnis der Grenzbevölkerung zu den überwachenden Grenzeinheiten zu einer Art Gewöhnung, wo sie doch lange Zeit als Störenfriede gesehen und behandelt wurden. Denn sie waren es, die die staatlichen Vorgaben zur Grenzordnung mit umsetzten und auch als Akteure bei den traumatisierenden Zwangsaussiedlungen dabei waren.

Die Grenzsoldaten wohnten nicht in den Dorfkernen, sondern waren in nahe gelegenen gesonderten, abgeriegelten Kasernen untergebracht. Von ihrer Führung wurden sie angewiesen, ein freundlich-distanziertes Verhältnis zur Grenzbevölkerung zu unterhalten.[42] Die Bewohner im Sperrgebiet waren auch die »einzige größere soziale Bezugsgruppe für die Angehörigen der Grenztruppen.«[43] Kontakte waren deshalb unvermeidbar und es galt, die Symbiose zu pflegen. Dies geschah auf vie-

40 Diekmann (2011), S. 134.

41 Zit. nach Labs (2006), S. 20.

42 https://www.geschichtsforum.de/thema/grenztruppen-der-ddr.34784/page-5 [Abruf am 28.06.2021].

43 Maurer (2016), S. 396.

len Wegen. So wurden gemeinsame Feiertage veranstaltet, wo etwa am 1. Mai Seite an Seite der Kampf- und Feiertag der Werktätigen auf Kundgebungen begangen wurde. Des Weiteren halfen die Grenzsoldaten bei der Ernte mit, bei Bauvorhaben, in der industriellen Produktion oder sie räumten Straßen und Wege frei, wenn in einem Winter zu viel Schnee fiel. Diese sozialistische Gemeinschaftsarbeit abseits der eigentlich militärischen Aufgaben diente dazu, den Grenztruppen ein positives Image zu verleihen. Jede Art solcher Arbeitseinsätze wurde propagandistisch ausgeschlachtet: Auf Fotos, in Zeitungen, auf Plakaten, im Hörfunk und Fernsehen. Die Soldaten besuchten auch Betriebe, trafen sich mit Jugendbrigaden, einzelne Truppenteile zogen sogar mal in Wohngebiete ein und biwakierten dort. Truppenteile gingen Patenschaften mit Betrieben, Kindergärten und Schulen ein. Stabil sollten die Beziehungen werden, Befremden abgelegt und gegenseitiges Vertrauen geschaffen werden. Dazu dienten auch die vielen Einladungen von den Kompanieleitungen, die den Bewohnern Einblicke in den Truppen- und Dienstalltag geben sollten. Kinder aus den örtlichen Grenzdorfschulen lernten etwa bei Besuchen an der unmittelbaren Front, wie wichtig die Soldaten für den Frieden seien. Sie erlebten Agitation und Propaganda an der Schnittstelle des Eisernen Vorhangs durch Vorträge und praktische militärische Vorführungen. Jugendliche und Erwachsene durften sich gar bei der »militärpolitischen Öffentlichkeitsarbeit« an den Gewehren der Soldaten ausprobieren, wohl auch, um sich mit deren Auftrag zu identifizieren.

»In Anbetracht der Bedeutung der Staatsgrenze der DDR und der gegnerischen Aktionen gegen sie muss von den Bewohnern des Grenzgebietes und von anderen sich dort zeitweilig aufhaltenden Personen«, so hieß es in einem Dokument der Staatssicherheit aus dem Jahr 1982, »eine besonders hohe Staatsdisziplin, genaue Einhaltung der Gesetze und Beachtung der staatlichen Maßnahmen zum Schutze der Staatsgrenze sowie zur Gewährleistung von Ordnung und Sicherheit gefordert werden«.[44] Übergeordnetes Ziel der Traditions- und Öffentlichkeitsarbeit der Grenztruppen war es immer, die Menschen von der Notwendigkeit der Grenzsicherung und der damit verbundenen Maßnahmen zu überzeugen. Denn dann, so wurde geschlussfolgert, seien sie auch von sich aus bereit, »gemeinsame Sache« zu machen, also mit wach-

44 BStU, Ast. Schwerin, MfS KD Gadebusch Nr. 11140, Bl. 47.

sam zu sein. Ganz konkret war damit vor allem der Verrat von Fluchtabsichten gemeint. Wer in den Archiven in den Quellen liest, trifft auf ein nicht unerhebliches Maß von Denunziationsbereitschaft in den Grenzorten. Ob Taxi-, Bus-, Lastkraftwagenfahrer, Verkäufer oder Kellner, es gab überall Menschen, die von sich aus »Republikflüchtlinge« anzeigten. Dafür mussten sie nicht Inoffizielle Mitarbeiter des Staatssicherheitsdienstes sein. Im Jahr 1974 kamen aus der Grenzregion Lenzen im Kreis Ludwiglust 65 Hinweise auf Verdächtige aus der Bevölkerung. Elf davon führten zu Festnahmen wegen des Verdachts eines »ungesetzlichen Grenzübertritts«.[45] Einen Rechtsbruch bedeutete die Denunziation in der DDR nicht, solange sie sich gegen die vermeintlichen Feinde richtete. Im politischen Sprachgebrauch war deshalb auch nie von Denunziation die Rede, sondern von »politisch-operativem Zusammenwirken«.

In vielen Grenzregionen bildeten sich zudem unter Leitung von SED und Grenztruppen sogenannte Grenzsicherheitsaktive. Sie setzten sich aus Bürgern zusammen, die im Grenzgebiet wohnten, arbeiteten und als politisch zuverlässig galten. Die Mitglieder wurden aus Betrieben, Genossenschaften oder Wohnbezirken rekrutiert. Selbst Kleingartenvereine ließen sich in das System einbeziehen.[46] Die Aufgabe der Grenzsicherheitsaktive war es, die Sicherheitspolitik der DDR in ihren Einrichtungen positiv zu verteidigen sowie für Ordnung und Sicherheit im Grenzgebiet zu sorgen. Auch in Schulen wurden derartige Grenzsicherheitsaktive gebildet, in die Schüler aus der 9. und 10. Klasse einbezogen wurden.[47] DDR-weit gab es Ende der 1980er Jahre 1.584 Grenzsicherheitsaktive mit 10.160 ehrenamtlichen Mitgliedern.[48]

Im Verlauf der Jahrzehnte des Bestehens der SED-Diktatur entwickelte sich ein ganzes Geflecht an Freiwilligen in den Grenzregionen, da die zu bewältigenden Aufgaben an der Grenze, flächendeckend wirksam zu werden, allein durch die Grenztruppen, die Volkspolizei und das MfS nicht zu gewährleisten waren. Für die enormen Sicherheitsansprüche reichten ihre personellen Ressourcen nicht.

Zu denjenigen, die sich dem System andienten und damit dessen Bestand auf viele Jahrzehnte sicherten, gehörten auch die Freiwilligen Helfer – erst der Grenzpolizei, dann der Grenztruppen. Sie gingen neben den Soldaten im Grenzgebiet auf Streife und waren durch eine grüne Armbinde mit dem Aufdruck »Freiwillige Helfer der Grenztruppen« und

45 BStU, ZA, MfS JHS 001-333/75, S. 12f. (MfS-Zählung).

46 BStU, Ast. Schwerin, MfS KD Gadebusch, Nr. 11169, auch: BStU, Ast. Schwerin, KD Gadebusch 11313.

47 BStU, Ast. Rostock, MfS KD Grevesmühlen, Nr. 386, Bl. 17, 01.05.1983, darin: Beschluss des MdI »Empfehlungen zur Bildung und Arbeitsweise von Grenzsicherheitsaktiven in Betrieben, Genossenschaften, Schulen, Einrichtungen, Wohnbezirken und Kleingartenanlagen«, S. 4ff. des Dokuments.

48 Lapp (2013), S. 312.

meist durch das Tragen einer Felddienstuniform ohne Dienstgradabzeichen erkennbar. Oft waren es junge Männer zwischen 18 und 35 Jahren, die im Sperrgebiet lebten und die mit Geld- und Sachprämien entlohnt wurden. Sechs bis acht Stunden waren sie monatlich – meist tagsüber – im Auftrag des jeweiligen Kompaniechefs der Grenztruppen im Grenzgebiet unterwegs.[49] Sie nahmen den Dienst entweder einzeln oder in Gruppen wahr. Entgegen der Propaganda, die Arbeiter- und Bauernmacht durch persönliche Einsatzbereitschaft zu schützen, waren sie allerdings weniger damit beschäftigt, äußere Gefahren abzuwehren, vielmehr sollten sie »Republikflüchtlinge« identifizieren und den Sicherheitsorganen übergeben. Sie hatten nicht nur das Recht, sondern auch die Pflicht, Personen zu überprüfen, die sich in Grenznähe verdächtig bewegten. »Ihre Dokumente bitte! Wo wollen Sie hin? Ihre Adresse?« gehörten, wenn man einem Freiwilligen Helfer im Grenzgebiet oder dessen Nähe begegnete, zum Repertoire der Aufforderungen und Fragen. So konnten die Freiwilligen Helfer eine Festnahme allein schon aus dem Grund vornehmen, wenn sich eine Person nicht korrekt ausweisen konnte, wenn sie Kartenmaterial bei sich trug, das den Grenzverlauf zeigte oder Fragen zur Grenze stellte. Bereits der geringste Verdacht für einen Grenzverstoß genügte, um sie der nächsten Dienststelle der Grenztruppen oder der Volkspolizei zu übergeben.[50]

Zwischen Grenzsoldaten und Grenzbevölkerung gab es im Verlauf der DDR-Geschichte gezwungenermaßen etliche Berührungspunkte und vielschichtige Wechselwirkungen. Auch wenn es gelungen ist, die Grenzbevölkerung weitgehend zu disziplinieren und Teile von ihnen zu aktiven Helfershelfern der Grenzsicherung zu machen, war es am Ende so, dass die Grenzsoldaten bei ihren Ausgängen in den örtlichen Lokalen meist allein für sich am Tisch saßen. Da wollte die Grenzbevölkerung den Schnaps lieber für sich trinken. Das ist die Kehrseite. Von einem durchweg spannungsfreien und harmonischen Miteinander zeugte dieses Bild nicht.

49 BStU, Ast. Schwerin, MfS AKG 51 b, Bl. 32.

50 BArch Freiburg, DVH 49-2/141040.

Angehörige des I. Grenzbataillon in Schalkau bei einem freien Abend in einer Gaststätte, 1983

Kontrolle eines Pferdefuhrwerks durch Angehörige des Grenzkommandos in Weferlingen, Winter 1951/52

Ein Unteroffizier und ein Postenführer des Grenzregimentes in Grabow am Schlagbaum der gesperrten Zufahrt einer Grenzgemeinde im Bezirk Schwerin, Sommer 1963

Ein Postenführer der 8. Grenzkompanie in Gandow lässt sich durch eine Pkw-Beifahrerin die Ausweis- und Fahrzpapiere vorweisen, 1975

Postenführer (Gefreiter) im Gespräch mit LPG-Angehörigen im Grenzabschnitt des Grenzregiment-6 in Schönberg, 1974

Kontrolle des Passierscheins an einer Straßensperre im Sicherungsbereich der 6. Grenzkompanie in Tripkau, ca. 1980

Erntehilfe einer Gruppe von Angehörigen eines Grenzkommandos der Grenzpolizei des Landes Sachsen-Anhalt in der Nähe von Osterwiek, 1947

Ein Vertreter der öffentlichen Verwaltung im Gespräch mit dem stellvertretenden Kompaniechef der 13. Grenzkompanie in der Grenzgemeinde Harbke, 1987

Unterstützung der sozialistischen Produktion beim VEB Dampferzeugerbau in Halberstadt im Katastrophenwinter 1978/79 durch Grenzsoldaten des Grenzausbildungsregiment-7, 1978

Skipatrouille des II. Grenzbataillon in Schierke im Gespräch mit Wanderern, 1975

Marschformation des Grenzpolizei-Bereitschaftsstabs in Osterwiek/Harz zum Feiertag am 1. Mai 1951

Marschformation der 4. Grenzbrigade der Deutschen Grenzpolizei zum 1. Mai in der Bahnhofstraße in Sonneberg, 1954

Angehörige des Grenzkommandos in Weferlingen während einer Weihnachtsfeier mit Kindern des Grenzdorfes, 1952

Zwei junge Tambourmajore des Spielmannzuges Dassow und ein fotografierender Major der Grenzkompanie in Pötenitz anlässlich des »FDJ-Treffen der Verteidigung« in Dassow, 1974

Gemeinsames Sportfest mit der Bevölkerung der Grenzgemeinde in der 9. Grenzkompanie Neuenbau, 1974

Gemeinsames Musizieren während des regionalen Pfingsttreffens in Kalbe, 1972

Eröffnungsappell zum regionalen Pfingsttreffen in Kalbe mit Partnereinheiten von Schulen und Ausbildungsstätten, 1972

Besuch des Patenregiments in Grabow
(Grenzregiment-8) durch Junge Pioniere, 1972

Eine Grundschulklasse im Gespräch mit Grenzsoldaten der 8. Grenzkompanie in Gandow, 1972

Angehörige der 8. Grenzkompanie in Kneese bei einem bunten Abend mit der Grenzbevölkerung in Gadebusch, 1974

Angehörige der 8. Grenzkompanie beim Feiern mit der Grenzbevölkerung in Gadebusch, 1974

Unterweisung eines Jungen aus dem Jugendmusikorps durch Angehörige des Grenzregiment-23 an einem sowjetischen Infanterie Maschinengewehr aus dem II. Weltkrieg während des regionalen Pfingstreffens, 1972

Anlässlich eines Anglersportfestes der Bezirksgruppe des Deutschen Anglerverbandes in Schönberg unterhalten Angehörige der Grenztruppen des Stabes des 8. Grenzregimentes mit Aktions- punkten die Festteilnehmer, 1969

Ein Postenpaar der Freiwilligen Helfer der Grenztruppen beim Informationsaustausch mit einer Kradstreife im Grenzabschnitt des Grenzkommando Nord in Stendal, 1980

Ein Grenzaufklärer mit einem Freiwilligen Angehörigen der Grenztruppen an der Schwelle zum Schutzstreifen im Grenzabschnit der Grenzkompanie in Veltheim, 1973

Freiwilliger Grenzhelfer und ein Bürgermeister im Gespräch mit der Bewohnerin eines Grenzdorfs im Grenzabschnitt des Grenzkommando Nord, 1978

Die Sperranlagen

Die Bilder schockierten 1989, die Bilder von all den Sperrelementen, die sich entlang der Grenzlinie zogen und von deren Mächtigkeit die meisten Menschen bis dahin keine Ahnung hatte. Unvorstellbar, wie ein Flüchtling unbeschadet all die Hindernisse überwinden sollte, die tief gestaffelt im Schutzstreifen lagen. Nur eine Minderheit wusste, wie es dort aussah, und durfte darüber nie sprechen. So kamen manche Flüchtlinge mit einfachen Hilfsmitteln wie Zange, Taschenlampe, Kompass und Fernglas an die Grenze und verfielen dem Irrglauben, dass dies ausreiche, um »nach drüben« zu kommen. Wer sich auskannte, an der Grenze seinen Dienst geleistet hatte oder selbst im Sperrgebiet lebte, dem war klar, dass mehr nötig war. Andere Flüchtlinge wurden erfindungsreich in ihren Fluchtmethoden und ließen sich nicht auf die vielen unbekannten Gefahren im Schutzstreifen ein. Sie bauten sich Steighilfen für die Sperrzäune, Flugballons, U-Boote, kaperten Flugzeuge, ohne jegliche Flugerfahrung zu besitzen, durchschwammen Grenzgewässer mit besonderer Ausrüstung, versteckten sich in Transitzügen und Autos, auch wenn dies nicht weniger gefährlich war.

Dabei war es schon allein ein schwieriges Unterfangen, überhaupt bis in Sperrgebiet vorzudringen, da schon außerhalb der 5-km-Sperrzone ein engmaschiges Kontrollsystem bestand: Aus Volkpolizei, Transportpolizei, Staatssicherheit und freiwilligen Helfern. Zudem bedurfte es eines Passierscheins, um in die Sperrzone zu gelangen. Wer den nicht hatte, sich ortsunkundig verhielt, konnte jederzeit aufgegriffen und festgenommen werden. Kontrollen gab es überall: Auf der Autobahn, in den Mitropa-Bahnhofsgaststätten, in Reisezügen, an Bushaltestellen, einem Feldweg oder Einkaufsläden. Unkonkrete Angaben über die Reiseroute reichten bereits aus, um sofort in Gewahrsam genommen zu werden.

Das Sperranlagensystem wurde im Verlauf der DDR-Geschichte so perfekt, dass am Ende auch jene begannen, bei der Flucht zu scheitern, die Grenzsoldaten waren – und das, obwohl ihnen eigentlich jede Barriere bekannt war.

Bis zum Sommer 1961 gab es lediglich auf einer Länge von 140 km entlang der innerdeutschen Grenze auf DDR-Seite ernstzunehmende Hindernisse.[51] Dabei handelte es sich um Stacheldrahtzäune, die an Holzpfählen befestigt waren, Stolperdrahtsperren oder Fallgruben. Diese gab es vor allem dort, wo die Grenzpolizisten das Gebiet nur schwer einsehen konnten und besonders viele illegale Grenzübertritte zu verzeichnen waren. Zudem zog sich damals schon entlang der Grenzlinie ein 10-m-Kontrollstreifen, dessen Anlegen mit tiefen Eingriffen in den Naturraum, die Infrastruktur und die Siedlungspolitik verbunden war. Er war eines der Ergebnisse der am 26. Mai 1952 erlassenen Polizeiverordnung, die die Einrichtung von Schutzstreifen und Sperrgebieten im Grenzraum festlegte. Meist wurden einheimische Bauern mit dem Anlegen dieses Kontrollstreifens beauftragt. Mit Planierraupen, Traktoren oder von Pferden gezogenen Eggen rissen sie entlang der Grenzlinie jegliche Vegetation aus dem Boden. Sie walzten und sprengten auch Gebäude nieder, genauso wie bis dahin öffentliche Wege und Straßen. Der 10-m-Streifen musste von ihnen so sorgfältig gerodet werden, dass er am Ende nur noch Brachfläche war. Er wurde anschließend säuberlich geharkt, damit Fußabdruckspuren von illegalen Grenzgängern auf ihm erkannt werden konnten. Regelmäßig wurde der 10-m-Streifen in den nächsten Jahrzehnten gepflügt, geeggt und mit Unkrautvernichtungsmitteln vom Bewuchs freigehalten.

Im Schutzstreifen verteilt gab es ebenfalls zu jener frühen Zeit schon einzelne Beobachtungstürme aus Holz, die von den Grenzpolizisten genutzt wurden. Ansonsten gab es Alarmsysteme, die nur aus zusammengebundenen Blechbüchsen bestanden. Eine ernsthafte Gefahr für Leib und Leben boten die Sperranlagen seinerzeit noch nicht. Grenzpolizisten kritisierten damals, dass aus Berlin so viel Druck gemacht werde, den illegalen Grenzverkehr zu unterbinden, aber die Sperranlagen den politischen Ansprüchen nicht gerecht werden würden. Damals fehlten dafür jedoch noch finanzielle Mittel und technische Umsetzungsmöglichkeiten.

Das änderte sich erst nach dem Mauerbau, denn seitdem bekam der Ausbau der Sperranlagen politische Priorität und damit eine grundsätzlich neue Qualität. Zunächst wurden in ersten Grenzabschnitten Erd- und Bodenminen sowie Stockgranaten mit Spannseilen nach so-

51 https://www.faz.net/aktuell/politik/inland/als-soldat-in-der-ddr-an-der-grenze-11110980.html [Abruf am 01.06.2021].

wjetischer Bauart gelegt. Sie erwiesen sich jedoch vielerorts nicht so funktionsfähig wie gewünscht. Der Draht der Stockminen mit Zugzünder verrostete etwa sehr schnell. Das im Schutzgebiet umherlaufende Wild oder hohe Schneelasten im Winter lösten zudem viele Minen aus und machten diese unbrauchbar. Auch starke Regengüsse konnten ganze Minensperranlagen wegschwemmen. Nur nebenbei wird in den militärischen Analysen vermerkt, wie elendig sich Tiere durch die Minen verletzten und starben.

Ende der 1960er Jahre wurde zudem damit begonnen, die alten mannshohen, teilweise zweireihigen Stacheldrahtzäune durch neuartige Grenzzäune zu ersetzen. Der bis zu 3,20 m hohe, von der eigentlichen Grenzlinie ca. 20 bis 100 m entfernt gelegene Grenzzaun bestand aus drei übereinander montierten Streckmetallplatten, die an Betonpfählen angebracht waren. Alle lösbaren Schraubenmuttern und die Pfosten selbst befanden sich auf der westlich zugerichteten Seite des Zauns. Das Streckmetall hatte so scharfkantige und enge Rautenöffnungen, dass man nicht mit den Fingern hineingreifen konnte, ohne sich zu verletzen. Um ein Unterkriechen des Zaunes zu verhindern, wurden Betonwabengitterplatten tief in den Boden eingelassen. Bis zum 20. April 1977 waren bereits auf einer Länge von 870 km diese Zäune montiert, die das letzte Sperrelement, den sogenannten Grenzzaun I (GZ I), vor der Grenzlinie bildeten. Wenige Jahre später war die Grenze mit ihnen durchgängig abgesichert. Vor dem Zaun befand sich ein geeggter und durch den Einsatz von Pestiziden von jeglicher Vegetation freigehaltener Spurensicherungsstreifen in einer Breite von sechs Metern, der sogenannte »KG«, um bei Grenzübertritten Spuren zu erkennen und zu sichern.

In besonders gefährdeten Abschnitten wurden die Grenzzäune I zudem mit vorgelagerten Postensignalgeräten und modernen Selbstschussanlagen ausgestattet, dem SM-70-Apparat.[52] Den Befehl zum Einsatz dieser Splittermine erteilte der Grenztruppenchef Generalleutnant Peter am 9. Oktober 1969.[53] Am 6. Juli 1971 fasste nach einer Erprobungsphase in einem Grenzabschnitt des Grenzregimentes 24 (Salzwedel) das Politbüro unter Vorsitz von Erich Honecker den Beschluss zur Montage der Splitterminen.[54] Entlang der gesamten innerdeutschen Grenze war ein Abschnitt in einer Länge von 450 km betroffen, an dem 60.000 Split-

52 SM-70 (SM steht für Splittermine, die 70 für das Einführungsjahr) war die Bezeichnung für diesen Minentyp im Westen, bei den Grenztruppen hießen diese Minen »Anlage 501«.

53 Schultke (1999), S. 72 und Auszug aus der Schwurgerichtsanklage gegen Erich Honecker bei http://berliner-mauer.de/34-stasi-ddr/768-schwurgerichtsanklage-erich-honecker-u-a.html.

54 Thoß (2004), S. 180.

terminen montiert waren. 200 km waren bereits mit Erdminen ausgestattet.[55]

Der Minenkörper der Splitterminen bestand aus einem dünnwandigen Aluminiumkegel, der mit TNT-Sprengstoff (Trinitrotoluol) gefüllt und einer Schicht eingeschlossener Metallsplitter versehen war. Bei einer Detonation wirkten die 80 bis 110 scharfkantigen Metallsplitter wie Streugeschosse. Die Auslösung erfolgte durch die Berührung von an dem Zaun angebrachten Spanndrähten. Von den politischen Verantwortlichen wurden die Selbstschussanlagen totgeschwiegen und Todesfälle durch sie vertuscht. Erst durch das mutige und selbstlose Handeln von Michael Gartenschläger, einem ehemaligen DDR-Häftling, der von der Bundesrepublik freigekauft worden war, rückte dieses tödliche Element an der DDR-Grenze im März/April 1976 in den Fokus der internationalen Öffentlichkeit.[56] Am 30. April 1976 geriet Gartenschläger bei seinem dritten Versuch, eine Splittermine abzubauen, in einen tödlichen Hinterhalt eines Spezialkommandos des Staatsicherheitsdienstes zwischen Fortkrug und Bröthen.

Der Druck auf die SED-Führung wurde in den nächsten Jahren so groß, dass Staatschef Erich Honecker den Nationalen Verteidigungsrat anwies, alle Minen und Selbstschussanlagen durch die Pioniereinheiten der Grenztruppen abbauen zu lassen, weil der Westen mit wirtschaftlichen Sanktionen drohte. Bis 1985 wurde dieser Befehl umgesetzt: Allerdings mit Widerwillen des Nationalen Verteidigungsrates und der Grenztruppenführung. Beide Organe waren gegen eine gänzliche Abschaffung der Minen, konnten sich bei Honecker aber schließlich nicht durchsetzen.[57] Beamte des Bundesgrenzschutzes beobachteten, dass die Bodenminen seinerzeit nur mit Minenräumpanzern gesprengt werden konnten, da es sich bei den Minen um eine Bauart sowjetischen Typs handelte, die nicht mit Minensuchgeräten geortet werden konnte. Im Lübecker Bereich zählte der Bundesgrenzschutz seinerzeit allein ca. 40.000 Detonationen. Aber nicht alle Minensätze konnten damals gefunden und entschärft werden.[58]

Der erzwungene Abbau der Minen bereitete den Funktionären im Politbüro und der Grenztruppenführung Kopfzerbrechen, da die Sorge im Raum stand, dass es nun mehr Menschen gelingen könnte, erfolgreich zu fliehen. Neue Lösungen mussten her. In den 1970er Jahren

55 BStU, ZA, MfS HA I 13046, Bl. 34.
56 Michael Gartenschläger präsentierte gemeinsam mit dem westdeutschen Nachrichtenmagazin »Spiegel« einen SM-70 Apparat, den er im März 1976 im Grenzgebiet bei Leisterförde abmontierte. Vgl. Der Spiegel 16/76, S. 116ff.
57 Lapp (2013), S. 54.
58 Meyer-Rebentisch (2009), S. 54.

hatten Pioniere der Grenztruppen bereits mit dem Aufbau der Grenzsignal- und Sperrzäune (GSSZ) vom Typ 70 begonnen, die das zweite Zaunsperrelement bildeten und ein Eindringen in den 500-m-Schutzstreifen verhindern sollten. Sie konnten sich 20 bis 500 m entfernt vom Grenzzaun I befinden, je nach der Beschaffenheit des Geländes. Häufig verliefen diese Grenzsignal- und Sperrzäune dicht an Gehöften vorbei. Die Zäune waren anfänglich mit einem in regelmäßigen Abständen installierten Signalmast (Signalhorn und Rundumleuchten in rot und grün) ausgestattet. Das Horn galt zur Abschreckung gegenüber Flüchtlingen und als Zielführung für die eingesetzten Posten. Die Rundumleuchten signalisierten wiederum dem heranrückenden Postenpaar oder der Alarmgruppe, wo ein Überstieg erfolgte. In den 1980er Jahren wurde dieser Zauntyp nun durch den modernisierten Typ 80 bzw. 83 ersetzt, der ausschließlich nur noch aus Streckmetall bestand und noch höher, bis zu 3,30 m, war. Wie der Vorgänger war dieser Grenzsignal- und Sperrzaun mit Signaldrähten ausgestattet, löste aber nun keine hör- oder sichtbaren Signale mehr aus, die einen Flüchtling warnen konnten. Ein Kontakt mit dem Zaun wurde fortan als stiller Alarm in die Führungsstelle der Grenzkompanie übertragen und konnte exakt lokalisiert werden, was ein schnelleres Eingreifen möglich machte. Zum Schutz vor einem Untergraben des Zaunes ließen die Pioniere der Grenztruppen, die für den Auf- und Ausbau der Sperranlagen sowie deren Wartung zuständig waren, im Erdreich auch hier Betongitterplatten ein. Hinter dem Zaun wurden an besonders gefährdeten Stellen Flächensperren aus Nagelmatten in einer Größe von 1 x 2 m zusätzlich verlegt. Im Jargon der Grenzsoldaten wurden sie »Spargelbeet« oder »Stalin-Rasen« genannt.

Im Zaun befanden sich wie auch bei dem Typ 70 im Abstand von wenigen Kilometern Tore, die den Grenztruppen und speziell zugelassenen Arbeitskräften den Zugang zum 500-m-Schutzstreifen ermöglichten. Ein Kilometer dieses neuen Grenzsignal- und Sperrzauns kostete 180.000 DDR-Mark. Zur Durchführung der Modernisierungsmaßnahmen an der Grenze zur Bundesrepublik wurden 1985 bereits 120 Millionen veranschlagt, in den darauf folgenden Jahren 196 Millionen DDR-Mark.

Insgesamt kostete das perfekter werdende Sperranlagensystem pro Kilometer Grenze eine Million DDR-Mark.

Schon das erste Sperrelement, das es zu überwinden galt, der Grenzsignal- und Sperrzaun, war eine enorme Herausforderung für Flüchtlinge. Ohne Steigeisen, Leiter oder Seil war der Zaun kaum zu bewältigen. Doch wer es geschafft hatte, den erwartete danach noch mehr. Zwischen dem Grenzsignal- und Sperrzaun und dem Grenzzaun I befand sich ein tief gestaffeltes System an weiteren Sperr- und Signalelementen.

So wurden im 500-m-Schutzstreifen die anfänglich aus Holz gebauten Beobachtungstürme durch zylindrische, später dann viereckige Betonkörper ersetzt, die mit allseitigen Schießscharten für die Grenzsoldaten, Signalmitteln, einer Fernmeldestandleitung, elektrischer Heizung, Beleuchtung und einem Suchscheinwerfer mit 360 Grad Schwenkbereich ausgestattet waren. Entlang der innerdeutschen Grenze gab es über 300 solcher Türme. Hinzu kamen noch über 100 Türme mit mehreren Funktionsetagen für die Führungsstellen.

Zudem wurde nach dem Mauerbau mit dem Aufbau der Hundelaufanlagen in Höhe des Grenzsignalzauns begonnen. Entweder befanden sich die Hunde in einer umzäunten Anlage oder sie waren an einem Laufseil befestigt. Die abgerichteten Hunde, meist Schäferhunde, sollten bei Fluchtversuchen Alarm schlagen und die Personen vertreiben. Auf 168 km waren sie an der Grenze verteilt: 3.000 Hunde, die ein jämmerliches Dasein fristeten. Wenn sie nicht verhungerten, verdursteten, sich am Laufseil erhängten oder in einem zu kalten Winter erfroren, waren sie zum Teil zehn Jahre an der Grenze im Einsatz.[59] Für die Hunde waren Spezialkräfte bei den Grenztruppen zuständig. Aber diese schafften es kaum, sich artgerecht um die Tiere zu kümmern. Hunde wurden bei Bedarf auch auf Grenzgewässern eingesetzt, wenn diese zugefroren waren – so etwa geschehen im Winter 1987 auf dem Lankower See: Sieben Hunde sollten zu diesem Zeitpunkt Flüchtlinge abschrecken. Die Hunde blieben selbst dann noch auf dem See, als das Tauwetter einsetzte. Denn die Verantwortlichen dachten sich, solange die Hunde noch vom Eis getragen werden, können auch Menschen über das Gewässer fliehen. Nur ein Hund überlebte dieses Manöver.[60]

Darüber hinaus gab es im Schutzstreifen Lichttrassen, die unübersichtliches Gelände und den Spurensicherungsstreifen ausleuchteten. Hinzu kamen in einigen Abschnitten Blendsperren, die Flüchtende orientierungslos machen sollten.

59 BStU, Ast. Magdeburg, MfS Leiter der BNr. 53, Bl. 79.
60 Der Spiegel 6/1994: Die Hundegrenze, S. 94ff.

Es existierten im Schutzstreifen auch Kolonnenwege, die aus zwei Plattenreihen mit sogenannten Betonlochplatten bestanden. Der Kolonnenweg, auch Manöverweg genannt, ermöglichte den Grenzposten auch bei schlechten Wetterbedingungen eine schnelle motorisierte Bewegung, um Flüchtlinge zu ergreifen.

Des Weiteren gab es im Schutzstreifen Kraftfahrzeugsperren, die 1,50 m tief waren und auf der östlichen Seite parallel zum Grenzzaun I verliefen. Zur bundesdeutschen Seite hin endete die Grabenwand steil und war in der Regel mit Betonplatten befestigt. An Stellen, an denen der Untergrund den Bau von Kfz-Sperrgräben nicht zuließ, wurden sogenannte Spanische Reiter aus zusammengeschweißten Stahlträgern installiert. Beide Konstrukte sollten eine Flucht mit Fahrzeugen verhindern.

Im Schutzstreifen befand sich zudem ein ausgedehntes Meldenetz für die Grenztruppen. Entlang des Kolonnenweges und an anderen markanten Punkten befanden sich ca. 80 cm hohe Betonpfähle mit den Anschlussbuchsen für die Nachrichtentechnik der Grenzposten. Diese Einrichtung mit Erdkabeln ermöglichte den Grenzsoldaten, Verbindung mit der Führungsstelle aufzunehmen und Meldungen störfrei sowie abhörsicher zu übermitteln.

In den Grenzgewässern wurden Wassersperren eingebaut. Sie passten sich jeweils der Spezifik des Sees, des Flusses oder des Baches an. Die Wassersperren konnten fest verschlossen sein, aber auch über mechanische und elektrische Öffnungen verfügen. In die Elbe bei Dömitz wurden 1977 etwa schwenkbare Stahlgitterelemente eingebaut.[61]

In einigen Ortschaften wie in Dassow in Mecklenburg oder Mödlareuth in Thüringen wurden zudem Betonmauern – ähnlich wie in Berlin – errichtet, um den Bewohnern hauptsächlich den Blick auf die nahe gelegenen westlichen Nachbargemeinden zu versperren.[62] Eine auf den drei Meter hohen Mauern installierte Betonrohrschale hatte zudem die Funktion, ein Übersteigen dieses Grenzelementes zu verhindern. Am 23. November 1965 erreichte die Menschen in Mödlareuth der Befehl zum Mauerbau. Drei Tage später begannen die Arbeiten. Baumaterialien, Kies und Betonplatten wurden angeliefert, Löcher gegraben und Betonfundamente gegossen. Der strenge Winter erzwang einen Abbruch der Bauarbeiten. Am 5. April 1966 ging es weiter, bis am 15. Juni 1966

61 BArch Freiburg, DVH 49-2/141059: Wassersperren an der Staatsgrenze v. 07.06.1978.

62 BStU, ZA, MfS HA I, Nr. 15210, Bl. 78ff.

der Mauerbau in diesem kleinen Dorf beendet war.[63] Seitdem nannte man Mödlareuth auch »Little Berlin«. In Dassow im Kreis Grevesmühlen wurde der Mauerbau im Frühjahr 1977 begonnen und mit den Worten gerechtfertigt: »Diese Grenzmaßnahme dient dem zuverlässigen Schutz unserer Grenzbevölkerung, garantiert besser den ungestörten Transitverkehr auf der F 105 und verhindert die Einsichtnahme vom Territorium der BRD aus. Sicherheit und Wachsamkeit gerade unmittelbar an der Staatsgrenze der DDR zur BRD, wie in der Grenzstadt Dassow, sind von größter Wichtigkeit.«[64]

Einzig Naturgewalten konnten dem Sperranlagensystem empfindlichen Schaden zufügen. Der Winter 1987 war in der DDR in etwa bis zu minus 30 Grad so sibirisch kalt und schneereich, dass im Schutzstreifen Hundelaufanlagen ausfielen und Signaldrähte am Sperrzaun durch den Frost rissen. Es kam zu vielen unbeabsichtigten Alarmmeldungen und zu Dauereinsätzen für die Grenztruppen. Als das Tauwetter einsetzte, wurden zudem die Kolonnenwege überschwemmt, sodass sie für die Grenzsoldaten unpassierbar waren.[65] Auch die zerstörte Natur versuchte sich immer wieder ihren Raum im Schutzstreifen zurückzuerobern, sodass das freie Sicht- und Schussfeld für die Grenzsoldaten mancherorts beeinträchtigt war, wenn nicht schnell genug Pestizide zum Einsatz kamen.

Das System der Sperranlagen war entlang der gesamten innerdeutschen Grenze nicht einheitlich. In Gegenden, wo es besonders viele Fluchtversuche gab oder das Gelände für die Grenzsoldaten schwer einsehbar war, existierten entsprechend verdichtete Sperranlagen. Es gab Grenzabschnitte, die regelrecht Festungen glichen. Festungen, die nur da waren, um eines zu verhindern: Die Flucht der eigenen Bürger.

63 https://moedlareuth.de/geschichte.html [Abruf am 08.07.2021]
64 Kreisarchiv Grevesmühlen X/424, Argumentation.
65 BStU, Ast. Schwerin, MfS AKG 51 b, Bl. 22.

Beobachtung und Absicherung einer kontrollierten Bodenminensprengung im Grenzabschnitt der 10. Grenzkompanie in Spechtsbrunn durch Grenzaufklärer, 1984

Streng verbotenes Privatfoto vor einer doppelreihigen Minensperre in einem Waldausläufer im Eckertal zwischen Ilsenburg und Stapelburg, 1970

Pioniere des Grenzregiment-15 »Herbert Warnke« in Sonneberg bei einer Minennachsuche nach einem Hochwasserereignis, 1984

Verbotene Privataufnahme eines Grenzsoldaten der Grenzkompanie Neuhaus-Schierschnitz am 2-reihigen Stacheldrahtzaun mit Erdminensperren bei der Ausführung des Grenzdienstes im zugeweisenen Grenzabschnitt, 1966

Schutzstreifen mit Lichttrasse am Spurensicherungsstreifen »K6« mit Sichtschutzzaun gegenüber Eckertal (Bad Harzburg) im Grenzabschnitt Stapelburg, Sommer 1975

Durchlasstor durch den Grenzsignal- und Sperrzaun in den Schutzstreifen im Grenzabschnitt der 2. Grenzkompanie in Hohengandern, Herbst 1989

Grenzsignal- und Sperrzaun unterhalb der Burgruine Hahnstein im Grenzabschnitt der 3. Grenzkompanie in Hohengandern im Grenzkreiskommando Heiligenstadt, Herbst 1989

Verbotene Privataufnahme eines Grenzsoldaten am Grenzsignal- und Sperrzaun bei Kettnitzbach, Herbst 1989

Planierarbeiten zur Vorbereitung eines befestigten Kolonnenweges mit Spurensicherungsstreifen und Grenzzaun bei Rüterberg, 1973

Instandhaltungsarbeiten durch Egge am »freundseitigen« Spurensicherungsstreifen »K2« am Grenzsignalzaun im Grenzabschnitt des Grenzkommando Süd in Erfurt,1972

Vorbereitungen zum Bau des Grenzzauns an der Elbe zwischen Rüterberg und Dömitz, 1973

Verschraubungsarbeiten am neu errichteten Streckmetallzaun am östlichen Elbufer bei Dömitz, 1973

Instandhaltungsarbeiten am Suchscheinwerfer eines Beobachtungsturmes mit Beobachtungsbunker im Grenzabschnitt des Grenzregiment-20 »Martin Schwantes« in Halberstadt, 1981

Mobile Beobachtungsstelle der 8. Grenzkompanie in Blankenstein der 13. Grenzbrigade in Rudolstadt, 1966

Führungsstelle mit Erdbunker im Bereich Föritztal, 1977

Verbotene Privataufnahme eines Holzbeobachtungsturms der Grenzkompanie Neuhaus-Schierschnitz, November 1966

Sperranlagen im Schutzstreifen mit Beobachtungsturm, Kontrollstreifen, Splitterminen am Grenzzaun, Kraftfahrzeugsperren, Kolonnenweg und Sicherungsstreifen im Grenzabschnitt des Grenzregiment-20 »Martin Schwantes« in Halberstadt, 1981

Geländefahrzeug P3 auf dem Kolonnenweg entlang des mit SM-70 gesicherten Grenzzauns im Grenzabschnitt des Grenzregiment-20 »Martin Schwantes« in Halberstadt, 1981

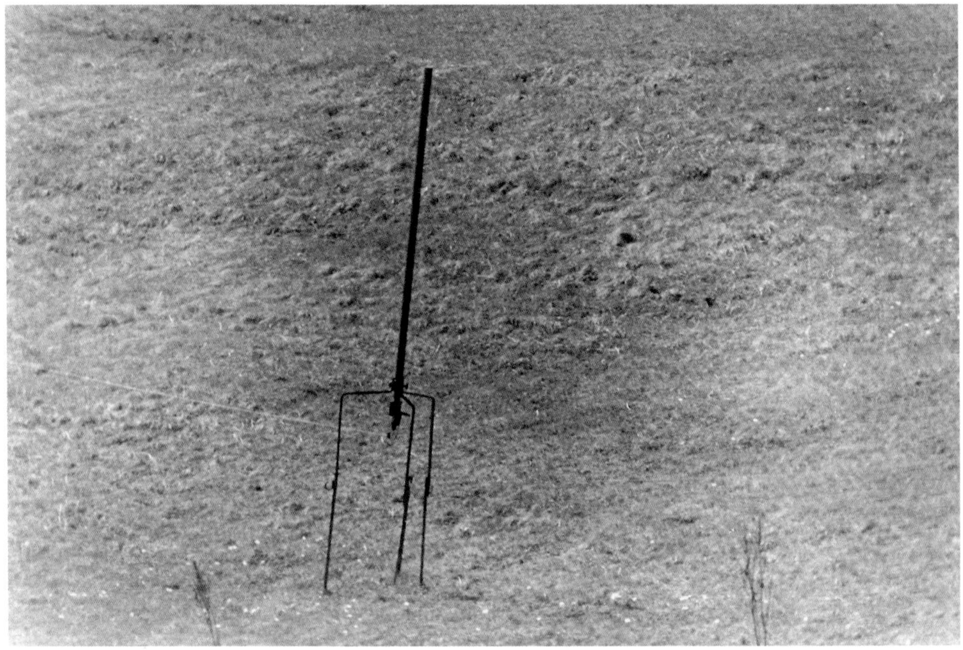

Verbotene Privataufnahme eines Postensignalgerätes im Grenzabschnitt des Grenzkommando Süd in Erfurt. Die Bodenspanndrähte verbinden sich an einem Karabinerschloss zu einem senkrecht nach oben streuendem Leuchtspursignalgerät, 1985

Blendsperren aus Flutlichtstrahlern im Schutzstreifen der 1. Grenzkompanie in Lehesten, 1985

Spurensicherungsstreifen »K2« vor dem Grenzsignal- und Sperrzaun unterhalb der Burg Hahnstein, Herbst 1989

Versorgung von Diensthunden im Schutzstreifen durch Angehörige einer Grenzkompanie des Grenzkommando Süd in Erfurt, ca. 1985

Spurensicherung unter Leitung eines Zugführers des Grenzregiment-15, Sonneberg, Mai 1988

Hundelaufanlage im Schutzstreifen am Rande eines Grenzdorfes im Abschnitt des Grenzkommando Nord in Stendal, 1980

Eine Postenstreife mit Diensthund am Spurenstreifen hier noch ohne Grenzzaun im Grenzabschnitt der Grenzbereitschaft Hirschberg, 1955

Ausbildung zum Hundeführer an der Unteroffiziersschule VI »Egon Schultz« in Perleberg, 1981

Mannschaftswagen Robur LO 2002 A passiert einen Grenzzaun-I mit »freundseits« vorgelagerter Kfz-Sperre durch »Spanische Reiter« im Grenzabschnitt des Grenzregiment-24 in Salzwedel, 1979

Kraftfahrzeugsperre im Grenzabschnitt des Grenzregiment-15 »Herbert Warnke« in Sonneberg, 1985

Verschweißtes Gatter an einem Rohrgraben mit elektronischer Kontaktsperre im Grenzabschnitt des Grenzregiment-1 »Eugen Leviné« in Mühlhausen, 1985

Der Blick in den Westen

Am Anfang, als die Fronten noch nicht ideologisch verhärtet waren, da rauchten Grenzer hüben wie drüben noch gemeinsam eine Zigarette zusammen, spielten Skat und redeten über das Leben. Doch damit war Schluss, als die Spannungen zwischen der Bundesrepublik und der DDR wuchsen. Obwohl beide deutsche Regierungen nach ihrer Konstituierung zunächst noch äußerlich am Ziel der deutschen Einheit festhielten, nahmen Abgrenzung und Feindbilder zu. Mittendrin in diesem Zwei-Fronten-Krieg standen sich Grenzpolizisten bzw. später Grenzsoldaten und die Beamten des Zollgrenzdienstes sowie des Bundesgrenzschutzes gegenüber.

Sie gerieten in den Fokus der ideologischen Auseinandersetzung, als um die Mitte der 1950er Jahre unzählige unbemannte Ballons im Sperrgebiet landeten, die mit Flugblättern gefüllt waren. Initiatoren waren unter anderem die Bundeswehr und die Ostbüros von SPD, CDU und FDP. Die Flugblätter führten die DDR als Unrechtsstaat vor und riefen zum Widerstand auf. »Ideologische Irreführung der Grenzbevölkerung«, so wurde auf DDR-Seite gewettert und alles unternommen, damit diese Flugblätter nicht in die Hände der Grenzpolizisten und Grenzbewohner gelangten. Im Gegenzug versandte sie selbst Propagandamaterial mittels Ballons in den Westen. Unmittelbar an der Grenzlinie stellten Beamte des Bundesgrenzschutzes seinerzeit auch vielfach großflächige Plakate mit Aufschriften wie »Macht das Tor auf!« hin. Die DDR reagierte wiederum mit Plakaten, die den Bundesgrenzschutz in Verbindung zur Wehrmacht und zu SS-Einheiten des Nationalsozialismus brachten. Wiederholt kam es auch zu Kundgebungen auf der westlichen Seite der Grenze, es wurden Mahnfeuer und Feuerwerke entzündet. Grenzpolizisten fanden damals auch an der Grenzlinie Zettel wie diese: »Herzliche Grüße aus Westdeutschland senden Euch eure Kameraden vom BGS. Ist es nicht traurig, wir stehen uns so nahe, trotzdem gehen wir den Weg der Entfremdung immer mehr. Tut es denn unbedingt nötig, dass wir uns voreinander verstecken, könnten wir junge Generation nichts daran ändern? In Genf ist man zu keinem Ziel gekommen, aber vielleicht schaffen es jetzt die beiden ›Großen‹. Hoffen wir das Beste. Auf Wiedersehen bis Morgen!«[66]

66 BStU, Ast. Schwerin, MfS AOP 180/62, Bd. 14, Bl. 94.

Der Eiserne Vorhang senkte sich immer mehr über Deutschland und ließ Grenzpolizisten bzw. später die Grenzsoldaten sowie die Beamten des Bundesgrenzschutzes und des Zollgrenzdienstes den Kalten Krieg hautnah spüren. Auch wenn sie dicht beieinander waren, lagen bald Welten zwischen ihnen. Die DDR riegelte sich immer mehr ab, errichtete Sperrgebiete und Sperranlagen, unterbrach persönliche Kontakte in den Westen, raubte den Menschen Existenzen und Rechte. Im Westen verloren die Menschen auch viel. Am schlimmsten war für sie der Verlust der menschlichen Bindungen, dass Mütter, Väter, Bekannte und Freunde nun auf der anderen Seite lebten und auf unbestimmte Zeit nicht mehr gesehen werden konnten. In dieser Zeit veränderte sich auch der Wirtschaftsraum der Grenzbewohner im Westen durch die Teilung. Unternehmen konnten ihre Handels- und Geschäftstätigkeiten nur noch aus einer Sackgassenposition nach Westen hin betreiben, also waren gegenüber den anderen Firmen in der Bundesrepublik benachteiligt. Die Folgen waren auf Dauer erheblich: Die wirtschaftliche Leistungsfähigkeit sank, es wurde schwierig, qualifizierte Arbeitskräfte zu bekommen, und junge Menschen zogen sich immer mehr zurück, weil sie nicht dort leben wollten, wo die Welt zu Ende schien. Um die Standortnachteile auszugleichen, wurde der westliche Grenzraum innerhalb eines 40 km breiten Streifens durch Bundeszuschüsse (Zonenrandförderung) seit den 1950er Jahren für infrastrukturelle, wirtschaftliche und soziale Maßnahmen bevorzugt gefördert.

Aber es gab für die Menschen im Westen weder Sperrgebiete noch Sperranlagen noch eine Einschränkung der Freiheitsrechte. Sie genossen die Vorzüge der Demokratie. Lediglich Hinweisschilder mit der Aufschrift »Halt hier Grenze!« informierten die Bundesbürger über den Grenzverlauf und wiesen auf die Lebensgefahren an der Grenze hin. Nicht jeder nahm sie ernst. Es gab immer wieder Vorfälle an der Grenze, bei denen sich Bundesbürger leichtsinnig verhielten, manchmal auch gezielt provozierten, zu nah an die Linie gingen und sich in Gefahr brachten. Einige ließen sich dabei auch von den Rufen der Grenzer nicht abschrecken: »Achtung! Hier sprechen die Grenztruppen der DDR. Wir fordern Sie auf, unverzüglich das Hoheitsgebiet der DDR zu verlassen.« Da fielen auch schon mal Schüsse, wenn dem nicht Folge geleistet wurde. Für die DDR war die Staatsgrenze unantastbar und die Grenzsoldaten waren angehalten, jeden Übertritt auch von westlicher Seite zu verhindern. Schon der kleinste Konflikt konnte sich an der Grenze zu einer gewichtigen politischen Krise ausweiten.

Gespräche oder das Zuwinken waren den Grenzsoldaten spätestens ab 1961 strikt verboten, selbst wenn diese den Beamten des Bundesgrenzschutzes nur wenige Meter an der Grenzlinie gegenüberstanden. Auf der anderen Seite gab es auch bald ein Sprechverbot, wie ein leitender Beamter des Bundesgrenzschutzes berichtet: »Also ich habe meinen Streifen zähneknirschend sagen müssen, es spricht mir keiner einen Grenzaufklärer an oder sonst jemanden, der an der Grenze steht. Wir wollen niemanden provozieren. Die DDR hat das abgelehnt. Also tote Grenze, still, kein Wort.«[67]

1947 wurde zunächst der Zollgrenzschutz in der Bundesrepublik reaktiviert und an der Grenze eingesetzt. Die im Grenzgebiet tätigen Zöllner kannten ihre Einsatzorte besonders gut, da sie in der Regel in grenznahen Orten mit ihren Familien lebten und die Dienststellen ebenfalls grenznah lagen. Sie waren in der Bevölkerung gut vernetzt und erhielten deshalb oft als erste Informationen, wenn etwas an der Grenze geschah. 1951 übernahm der Bundesgrenzschutz gemeinsam mit dem Zollgrenzdienst die Überwachung der Grenze und des grenznahen Raumes in einer Tiefe von 30 Kilometern. Nach dem Mauerbau in Berlin erweiterten sich auch die Aufgaben und Strukturen des Bundesgrenzschutzes.[68] Zunehmend traten die Beobachtung und Dokumentation des Geschehens im DDR-Sperrgebiet in den Vordergrund. Der Bau moderner Sperranlagen oder die Veränderungen bei den DDR-Grenztruppen rückten dabei besonders in den Fokus. Darüber hinaus dokumentierten die Beamten Fluchtversuche durch Fotos, Berichte und Filmaufnahmen. Wenn etwa der Bundesgrenzschutz bei seinem täglichen Hubschrauberrundflug entlang der Grenze beobachtete, dass sich mehr DDR-Grenzsoldaten als sonst perlenschnurartig am Kolonnenweg postierten, dann gingen die Beamten davon aus, dass eine Flucht gescheitert war.

Und sie vergaßen auch nie die Bilder, die sie mit ansehen mussten: Flüchtlinge, die im Schutzstreifen von Grenzsoldaten entdeckt, im schlimmsten Fall durch Minen verletzt oder angeschossen wurden. Und sie selbst standen in der Nähe und durften nicht eingreifen. Noch verzweifelter waren sie, wenn sie selbst einen Flüchtling tot bergen muss-

67 Zit. nach Meyer-Rebentisch (2009), S. 59.
68 Ausführlich u.a. Scholzen (2006).

ten. Die Elbströmung spülte einige Tote an das westliche Ufer. Jeder Flüchtling, der es über die Grenze schaffte, wurde deshalb umso herzlicher von den Beamten des Bundesgrenzschutzes und des Zollgrenzdienstes in Empfang genommen. Zunächst wurden die Flüchtlinge nach ihrer strapaziösen Flucht von den Grenzbeamten mit Trinken, Essen und Kleidung versorgt, aber auch zu ihrer Flucht und dem Leben in der DDR befragt. Danach wurden sie in der Regel weiter in Notaufnahmelager geschickt – wie etwa in das nach Gießen.

Mitte der 1980er Jahre wies der Bundesgrenzschutz einen Personalbestand von 20.000 Beamten auf. Von Neustadt in Schleswig-Holstein bis Grafenau in Bayern an der Grenze zur ČSSR waren 20 Abteilungen des Bundesgrenzschutzes aktiv. Etwa 10.000 Beamte leisteten täglichen Dienst an der Grenze. Sie waren in der Regel zu Fuß, motorisiert oder als Bootsstreife unterwegs. An besonders neuralgischen Punkten kamen Sonderstreifen zum Einsatz, zum Teil sogar in Zivil.

Die Beamten des Bundesgrenzschutzes und Zolls standen schon frühzeitig im Fokus der Sicherheitskräfte der DDR. Die Grenzsoldaten hatten jede Auffälligkeit an der Grenzlinie zu dokumentieren und zu fotografieren. Das war auf der anderen Seite nicht anders. Jeder hat jeden fotografiert, um festzuhalten, was sich tut. Das Ministerium für Staatssicherheit operierte zudem im Geheimen gegen den Bundesgrenzschutz und Zollgrenzdienst, sammelte viele Informationen zu den Dienststellen, deren Mitarbeitern und Tätigkeit.

Mit besonderem Misstrauen begegnete die DDR-Seite auch den zunehmenden Aktivitäten des Zollgrenzdienstes und Bundesgrenzschutzes, was deren touristische Führungen an der Grenze anbelangte. Am Ende waren es jährlich 1,5 Millionen Besucher, die von ihnen betreut wurden: Darunter Privatpersonen, Schüler, Vereine, Politiker, Bundeswehrangehörige und NATO-Mitglieder. Zu diesem Zweck wurden auch auf westlicher Seite Plattformen und Aussichtstürme an der Grenzlinie aufgestellt, die den westdeutschen Besuchern die Möglichkeit gaben, über den Grenzzaun in den Schutzstreifen zu sehen: In das andere Deutschland.

Die Teilung veränderte die Menschen, je länger sie dauerte. Gemeinsame Traditionen, Sitten, Bräuche und Sprache – all das, was eine Nation ausmacht und die Menschen eint – gingen zunehmend verloren. Das Anormale wurde zur Normalität. Sowohl die Bundesbürger als auch die DDR-Bürger gewöhnten sich an die Grenze, zwar mit einigem Schaudern, aber ohne großes Widerstreben. Für jene Bundesbürger, die keine Bekannten und Verwandten in der DDR hatten oder weit weg von der deutsch-deutschen Grenze lebten, verkörperte der andere deutsche Staat zunehmend das Fremde, den Kommunismus, den Atheismus, den Osten. Umgekehrt assoziierten die DDR-Bürger mit der Bundesrepublik verstärkt Begriffe wie Kapitalismus, Militarismus, Armut, Drogen und Arbeitslosigkeit.[69] Doch gegen die wachsende Akzeptanz der territorialen und politischen Realitäten der Nachkriegszeit gab es auch Zweifel und Widerstände.

69 Hartmann/Küsting (1991), S. 197.

Dokumentation des westlichen Grenztourismus durch Grenzaufklärer im Grenzabschnitt des Grenzregiment-15 »Herbert Warnke« in Sonneberg, 1981

Postenpaar mit Blick in den Westen auf einem Beobachtungsturm BT-6 im Grenzabschnitt des Grenzregiment-23 »Wilhelm Bahnik«, 1974

Versuchte Kontaktaufnahme eines BGS-Angehörigen im Grenzabschnitt des Grenzkommando Nord in Stendal, Juni 1977

Ein Grenzaufklärer der Grenzkompanie in Wülperode beobachtet Instandsetzungsarbeiten der Grenzmarkierung durch Angehörige des BGS an der Str. Hornburg, Hopfenweg, 1977

Beobachtung einer Besucherin und eines US-Army-Angehörigen auf dem 1985 errichten Betonbeobachtungsturm des US-Camp Point Alpha bei Rasdorf (Hessen) durch Grenzaufklärer auf dem gegenüberliegenden Beobachtungsturm, Juli 1987

Ein Posten auf einer Beobachtungsstelle dokumentiert die Einweisung von britischen Armeeangehörigen und zwei weiblichen Zivilpersonen durch einen britischen Oberstleutnant der Britisch-Forces auf der Bundesstraße 1 zwischen Morsleben (Sachsen-Anhalt) und Helmstedt (Niedersachsen), Juli 1976

Beobachtung eines militärischen Appells der US-Army durch einen Angehörigen des Grenzkommando Süd, Juli 1989

Dokumentation eines im Westen neu aufgestellten Propagandaschildes im Grenzabschnitt des Grenzbezirkskommando-4 in Sonneberg durch einen Grenzaufklärer, September 1989

Versuche der Kontaktaufnahme von Angehörigen der britischen Streitkräfte zu einem Grenzposten der Grenztruppen an der Bundesstraße 1 Nähe des Grenzübergangs Marienborn, August 1977

Ein Stabsfeldwebel (Grenzaufklärer) erstellt eine Bilddokumentation von »feindseitigen« Bewegungen im Grenzvorfeld des Grenzabschnitts im Grenzregiment-9 in Meiningen, Sommer 1983

Ein Angehöriger der US 3. Infanterie gegenüber dem Grenzabschnitt des Grenzregiment-15 »Herbert Warnke« in Sonneberg, Juli 1988

Die fotografierenden Grenzaufklärer spiegeln sich in der Sonnenbrille des amerikanischen Soldaten

Luftaufnahme der Hubschrauberstaffel-16 der Grenztruppen von der Spionage- und Abhöranlage der US-Army und Bundeswehr auf der Wasserkuppe bei Fulda, 1985

Beobachtung von BGS-, US-Army-Angehörigen und zivilen Besuchern im Grenzabschnitt des Grenzregiment-15 in Sonneberg durch Grenzaufklärer, Juni 1988

Verbotenes Privatfoto eines Grenzaufklärers zwischen der DDR-Grenzsäule und einer Grenzmarkierung der bayrischen Grenzpolizei im Grenzabschnitt des Grenzbezirkskommando-4 in Sonneberg, Herbst 1989

Beobachtungshütte der bayrischen Grenzpolizei fotografiert durch Grenzaufklärer des Grenzbezirkskommando-4 in Sonneberg, Herbst 1989

Beobachtung eines Polizeimeisters des Bundesgrenzschutzes gegenüber des Grenzabschnitts des Grenzregiment-15 »Herbert Warnke« in Sonneberg, März 1989

Vom Ende der Grenze

Was gab es für Irritationen in den ostdeutschen Wohnzimmern, als die Menschen die legendäre Pressekonferenz des Politbüromitgliedes Günter Schabowski am Abend des 9. November 1989 vor den Bildschirmen verfolgten? Auf die Frage eines italienischen Korrespondenten zum neuen Reisegesetz antwortete Schabowski: »Deshalb haben wir uns dazu entschlossen, heute eine Regelung zu treffen, die es jedem Bürger der DDR möglich macht, über Grenzübergangspunkte der DDR auszureisen.« Als ein weiterer Journalist nachfragte, wann das neue Gesetz in Kraft trete, blätterte Schabowski in seinen Unterlagen und nahm einen Zettel zur Hand, den der neue SED-Generalsekretär Egon Krenz ihm kurz zuvor in der Sitzung des Zentralkomitees hatte zukommen lassen. »Das trifft nach meiner Kenntnis – ist das sofort, unverzüglich«, so Schabowski verunsichert.[70]

Nach Jahrzehnten des Entzugs der Freizügigkeit und der rigorosen Abgrenzung zum Westen sollte nun ein Reisen dorthin möglich sein? Für viele war es nicht zu glauben. Doch es kündigte sich an, dass die SED nicht so weitermachen konnte wie bisher. Seit Jahren steckte die DDR in der Krise: Politisch, wirtschaftlich, sozial und kulturell. Reformbestrebungen, die in der Sowjetunion, Ungarn und anderen Ostblockstaaten Aufbruchssignale setzten, wurden von der DDR-Staatsführung abgelehnt. Sie verweigerte weiterhin die Umsetzung von Menschenrechten im Land. Auch die Wirtschaft befand sich im Krisenmodus: Die Produktivität hatte in den 1980er Jahren immer mehr abgenommen und die Qualität der Waren verschlechterte sich. Die Zumutungen wurden so groß, dass immer mehr Menschen begannen, gegen das System aufzubegehren.

Von Juli bis August 1989 nutzten allein 50.000 DDR-Bürger neue Fluchtwege über die offene Grenze zwischen Ungarn und Österreich und über die Besetzung bundesdeutscher Botschaften in Prag, Warschau und Budapest.[71] Ein Korrespondent hielt seinerzeit fest: »Es sind viele mit Tränen in den Augen weggegangen. Es waren viele junge Leute dabei, viele Arbeiterfamilien, Genossenschaftsbauern, Lehrerfamilien. Ich habe mit ihnen gesprochen, und die haben gesagt: Wir halten das nicht mehr aus

70 https://www.spiegel.de/politik/deutschland/schabowskis-legendaerer-auftritt-das-folgenreichste-versehen-der-ddr-geschichte-a-660203.html [Abruf am 19.07.2021]

71 https://www.bpb.de/politik/hintergrund-aktuell/293568/ddr-ausreisewelle [Abruf am 29.05.2021].

in der DDR, diese ständige Gängelei, die fehlende Reisefreiheit, die Reglementierungen.«[72]

Das ganze Ausmaß dieser Fluchtbewegung verschwieg das DDR-Fernsehen ebenso wie die Gründung neuer Bürgerrechtsbewegungen im Sommer 1989. Nur über das Westfernsehen, Mund-zu-Mund-Propaganda oder Flugblätter erfuhren die Menschen von den Entwicklungen. Das Neue Forum und andere wie Demokratie Jetzt oder Demokratischer Aufbruch wurden für viele schnell zum Hoffnungsträger für Veränderungen in der DDR. Hunderttausende sympathisierten mit deren Forderungen nach freien Wahlen, Reisefreiheit, Meinungsfreiheit, nach elementaren Menschenrechten. Die Straße wurde zum Ort des Protestes, zunächst mit Tausend, dann mit Hunderttausend und schließlich Millionen Bürgern, die in einem atemberaubenden Tempo das System zum Einsturz brachten und tiefgreifende politische und ökonomische Veränderungen erwirkten.

Mit der Pressekonferenz von Schabowski nahm auch das Grenzregime sein Ende. Noch in der Nacht des 9. auf den 10. November machten sich Tausende spontan zu den offiziellen Grenzübergangsstellen auf den Weg und forderten friedlich, aber bestimmt die ihnen wenige Stunden zuvor vom Politbüro versprochene neue Reiseregelung ein. Vielerorts ließen die überforderten und hilflosen Grenzer die Menschen passieren, nicht nur in Berlin, sondern auch noch in der Nacht in Selmsdorf in Mecklenburg oder Wartha und Worbis in Thüringen.[73]

In den folgenden Wochen wurden entlang der Grenzlinie viele neue provisorische Übergänge errichtet, Sperranlagen dafür von den Grenzsoldaten abgebaut. Dann überall dasselbe Bild: Fremde Menschen fielen sich in die Arme, Autokolonnen stauten sich kilometerweit, die westdeutschen Grenzstädte wurden überrannt, so sehr, dass die Infrastruktur im westdeutschen Grenzraum zeitweise kollabierte. Aber was für ein Jubel, was für ein Trubel, was für eine Freude, dass die »Absperrungsneurosen« [74] endlich verschwinden konnten, dass es keine Gefahr mehr für Leib und Leben gab, wenn man in den anderen Teil Deutschlands wollte.

Die Grenztruppen waren seinerzeit angehalten, den neuen Reiseverkehr mit zu regeln. Jeglicher Gebrauch und sogar das Mitführen der Schusswaffe waren ihnen fortan untersagt. Außerdem sollten sie dafür

72 https://www.mdr.de/zeitreise/schumann-korrespondent-ddr-fernsehen-flucht-ungarn-100.html [Abruf am 29.05.2021].

73 https://www.bpb.de/geschichte/zeitgeschichte/deutschland-archiv/158899/der-andere-mauerfall [Abruf am 14.06.2021].

74 Wolle (1998), S. 281.

sorgen, dass die Sperranlagen nicht beschädigt würden. Aber sie waren im Grunde nur noch ein kleines Rädchen im zerfallenden militärischen Getriebe. Die Bürger wüteten vielerorts gegen die Sperranlagen, zerstörten diese oder nahmen Teile davon als Souvenir mit nach Hause, ähnlich wie die »Mauerspechte« in Berlin. Auch der einst so gepflegte Spurensicherungsstreifen wurde nutzlos. Schnell wuchs auf ihm wieder Vegetation, die einst mit Pestiziden gnadenlos ausgerottet wurde. Beobachtungsbunker wucherten gleichfalls zu. Die Soldaten sahen all dem hilf- und führungslos zu.

Nicht wenige von ihnen überforderte die damalige Wucht der Ereignisse. Ein Oberstleutnant formulierte: »Das ist das Ende des Sozialismus, meiner militärischen Laufbahn – meine Welt bricht zusammen. Alles, wofür ich gedient habe – es ist vorbei!«[75] Zukunftsängste, der Zusammenbruch der indoktrinierten Weltbilder, die unklaren Befehlslagen, dies waren fortan die Gesprächsthemen in den Kasernen.

Mit der Öffnung der Grenze gab es auch wieder freien Zugang zu jenen Ortschaften, die im Sperrgebiet lagen: Für jedermann, zu jeder Zeit, ohne Sondergenehmigung. Plötzlich wurde auch eine Wanderung auf den Brocken im Harz wieder möglich.

Der Aufhebung der Sperrgebiete folgte auch der Abbau der Sperranlagen, mit denen die Grenztruppen beauftragt wurden. Dafür brauchte es seine Zeit. Als besonders kostspielig und gefährlich erwies sich die Nachsuche der Bodenminen, da die Lage der Sprengkörper ungenau kartiert und durch Witterungs- und bodenmechanische Einflüsse verändert war.

Vielerorts beteiligten sich auch die Grenzbewohner an dem Abbau der Anlagen, weil sie diese so schnell wie möglich aus ihrem Blickfeld haben wollten. Einige nutzten die ehemaligen Sperrzäune später als Begrenzung für das eigene Grundstück, für Komposthaufen oder als Gehege für das Vieh.

Am 21. September 1990 löste der neue DDR-Verteidigungsminister Rainer Eppelmann die Grenztruppen auf. Teile von ihnen wurden von der Bundeswehr und dem Bundesgrenzschutz übernommen, die meisten Grenzsoldaten entließ man. Das militärische Arsenal der Grenztruppen übernahm die Bundeswehr. In den folgenden Jahren erfolgte dann der Bestandsverkauf im Rahmen der bundeseigenen Treuhandgesell-

75 Zit. bei: https://www.bpb.de/geschichte/zeitgeschichte/deutschlandarchiv/158899/der-andere-mauerfall [Abruf am 16.06.2021].

schaft VEBEG. Auch die Aufgaben des Bundesgrenzschutzes und des Zollgrenzdienstes passten sich an die neue Zeit, an das Verschwinden der innerdeutschen Grenze, an.

Der Eiserne Vorhang, der sich Jahrzehnte über Europa gesenkt hatte, verschwand. Ideologische Trennlinien und politische Gegensätze zwischen den befeindeten Blöcken wurden ebenso aufgehoben wie hermetische Grenzbefestigungen und kilometerbreite Sperrzonen. Am 3. Oktober 1990, ein Jahr nach Beginn der landesweiten friedlichen Proteste, waren die beiden deutschen Staaten wieder vereint: Ein historisches Ereignis sondergleichen.

Heute ist das ehemalige Grenzgebiet kaum noch zu erkennen. Die Natur hat sich zurückerobert, was ihr einst an Raum genommen wurde. Es entstanden mit dem »Grünen Band« große und bedeutende Naturschutzprojekte entlang der ehemaligen Grenze. Hier und da stehen noch alte Betonbeobachtungstürme der Grenztruppen in der Landschaft und Teile von Sperrzäunen, die neben den neu entstandenen musealen Einrichtungen und Dokumentationszentren an das erinnern, was sich dort im Todesstreifen ereignete.[76]

76 Siehe Kaminsky Hg. (2016)

Ein Angehöriger des neu gebildeten DDR-Grenzschutzes dokumentiert von einem ehemaligen Beobachtungsturm zwischen den beiden Dörfern Unter- und Obersuhl den Zustand des Eisenbahnkorridors auf der Strecke der beiden Grenzbahnhöfe Bebra (West) und Gerstungen (Ost), Juli 1990

Blick auf die Bahnlinie zwischen Bebra und Gerstungen im Grenzabschnitt der 8. Grenzkompanie in Untersuhl, Juli 1990

Blick durch zerstörte Scheiben eines ehemaligen Beobachtungsturms am Eisenbahnkorridor gegenüber von Obersuhl, Juli 1990

Victoryzeichen eines Zivilisten aus einem Beobachtungsturm an der Bahnquerung im Grenzabschnitt der 8. Grenzkompanie in Obersuhl, Juli 1990

Rückkehr der Bewohner einer Grenzgemeinde im Grenzabschnitt des neu gebildeten Grenzbezirkskommando-4 in Sonneberg von ihrem ersten »Westbesuch«, Dezember 1989

Temporärer Fußgängergrenzübergang im Grenzabschnitt des neu gebildeten Grenzbezirkskommando-4 in Sonneberg, Dezember 1989

US-Amerikanische Fernsehjournalisten im Gespräch mit dem Kommandeur des Grenzbezirkskommando-4 (Suhl) an der Grenzübergangsstelle Hönbach/Neustadt bei Coburg, März 1990

Vor der Eröffnung der zeitweiligen Grenzübergangsstelle Unterbreitzbach (Bundesrepublik) – Philippsthal (DDR) am 19.12.1989

Eröffnung der Grenzübergangsstelle Motzlar (Thüringen) –Tann (Hessen) am 09.12.1989, dokumentiert durch einen Grenzausfklärer der 2. Grenzkompanie in Vacha (zugehörig zum Grenzkreiskommando in Dermbach)

Abbau der Grenzanlagen bei Heinersdorf/Thüringen, 1991

Minennachsuche im ehemaligen Grenzabschnitt des Grenzbezirkskommando-4 in Sonneberg, 1993

Minennachsuche mit Räumgerät (DDR-Traktor »Fortschritt« ZT 320 mit Bundeswehr-Kennzeichen) im ehemaligen Grenzabschnitt des Grenzbezirks--kommando-4, Juli 1994

Abbau eines Teilstücks des Grenzssignalszauns im Bereich des Grenzbezirkskommando-4 in Sonneberg durch die Grenzbevölkerung, Sommer 1990

Demontage eines Zufahrtstors im Grenzsignal-und Sperrzaun in Thüringen, Herbst 1990

Abbruch des Sendemastes der Grenzkompanie im thüringischen Neuenbau, 2008

Nutzlos gewordener Postenmeldepunkt des Grenzmeldenetzes im Grenzabschnitt »Rote Mühle« der 8. Grenzkompanie in Gerstungen, Mai 1990

Ein ehemaliger Erdbeobachtungsbunker im Grenzabschnitt der 4. Grenzkompanie in Oerlsdorf/Mupperg des Grenzbezirkskommando-4 in Sonneberg, 1990

Spuren erster Zerstörung am Durchlasstor des Schutzstreifenzauns bei einer Kontrolle von Angehörigen der 4. Grenzkompanie in Oerlsdorf/Mupperg des zuständigen Grenzkreiskommandos, 1990

Grenznarbe im Abschnitt der 4. Grenzkompanie in Oerlsdorf/ Mupperg im Grenzbezirkskommando-4 in Sonneberg, 1990

Die Natur erobert sich den Grenzraum bei Oelsdorf/Mupperg zurück, 1990

Bennewitz, Inge u. Potratz, Rainer (2002): **Zwangsaussiedlungen an der innerdeutschen Grenze.** Analysen und Dokumente, 3. Aufl., Berlin.

Büttner, Stefan u. Kaule, Martin (2017): **Spuren des Kalten Krieges.** Bunker, Grenzen und Kasernen, Halle.

Diekmann, Kai Hg. (2011): **Die Mauer.** Fakten, Bilder, Schicksale, München/Zürich.

Der Spiegel 16/76: **»Schnell das Ding vom Zaun«.** Wie ein DDR-Todesautomat in den Westen kam, S. 116 ff.

Der Spiegel 6/1994: **Die Hundegrenze** S. 94 ff.

Dingemann, Rüdiger (2014): **Mitten in Deutschland.** Entdeckungen an der ehemaligen Grenze, Hamburg.

Eppelmann, Rainer u.a. Hg. (1997): **Lexikon des DDR-Sozialismus.** Das Staats- und Gesellschaftssystem der Deutschen Demokratischen Republik, Bd. 1, 2. aktualisierte und erweiterte Auflage, Paderborn u.a.

Flemming, Thomas und Koch, Hagen (2008): **Die Berliner Mauer.** Geschichte eines politischen Bauwerkes, Berlin.

Gröschner, Annett u. Messmer, Arwed (2016): **Inventarisierung der Macht.** Die Berliner Mauer aus anderer Sicht, Ostfildern.

Hartmann, Andreas u. Küsting, Sabine (1991): **Grenzgeschichten.** Berichte aus dem Niemandsland, Frankfurt am Main.

Hertle, Hans-Hermann u. Nooke, Maria (2009): **Die Todesopfer an der Berliner Mauer 1961–1989.** Ein biographisches Handbuch. Zentrum für Zeithistorische Forschung Potsdam und Stiftung Berliner Mauer Hg., Berlin.

Herz, Andrea (o.J.): **Sperrgebiet und die Barrikaden von Streudorf.** Eine Geschichte von Widerstand und Solidarität, o.O.

Judt, Matthias Hg. (1998): **DDR-Geschichte in Dokumenten,** (Schriftenreihe der Bundeszentrale für politische Bildung, Bd. 350), Bonn.

Kaminsky, Anna Hg. (2016): **Orte des Erinnerns.** Gedenkzeichen, Gedenkstätten und Museen zur Diktatur in SBZ und DDR, 3. überarbeitete und erweiterte Auflage, Berlin.

Karge, Wolf (2019): **Stintenburg im Schaalsee** – Rittergut, Flüchtlingslager, Grenzerkaserne und Zentralschule des MfS für Grenzaufklärer, Landesbeauftragte für MV für die Aufarbeitung der SED-Diktatur Hg., Schwerin.

Koop, Volker (1996): **»Den Gegner vernichten«.** Die Grenzsicherung der DDR, Bonn.

Kupfernagel, Matthias (2009): **Die Berliner Mauer 1989,** Berlin.

Labs, Simone (2006): **Keine Ausfahrt – Zarrentin.** Grenzlandgeschichten aus Westmecklenburg, Landeszentrale für politische Bildung MV Hg., Berlin.

Lange, Karl Ludwig (2011): **Die Berliner Mauer.** Fotografien von 1973 bis heute, Erfurt.

Lapp, Peter Joachim (1998): **Die Grenztruppen der DDR (1961–1969)** In: Diedrich, Torsten; Ehlert, Hans u. Wenzke, Rüdiger Hg.: Im Dienste der Partei. Handbuch der bewaffneten Organe, Berlin, S. 225–252.

Lapp, Peter Joachim (2013): **Grenzregime der DDR.** Aachen.

Magercord, Michael (2011): **Meine Mauer.** Fotografien eines Westberliners 1986-1993, Erfurt.

Maurer, Jochen (2016): **Halt Staatsgrenze!** Alltag, Dienst und Innenansichten der DDR-Grenztruppen, 2. aktualisierte Auflage, Berlin.

Meyer-Rebentisch, Karen Hg. (2009): **Grenzerfahrungen.** Vom Leben mit der innerdeutschen Grenze, Schwerin.

Pingel-Schliemann, Sandra (2014): **»Ihr könnt doch nicht auf mich schießen!«** Die Grenze zwischen Lübecker Bucht und Elbe 1945 bis 1989. Landesbeauftragte für MV für die Unterlagen des Staatsicherheitsdienstes der DDR Hg., 2. überarbeitete und erweiterte Auflage, Schwerin.

Ritter, Jürgen und Lapp, Peter Joachim (2015): **Die Grenze.** Ein deutsches Bauwerk, 9. aktualisierte Auflage, Berlin.

Scholzen, Reinhard (2006): **Der BGS.** Die Geschichte der Bundespolizei, Stuttgart.

Schroeder, Klaus u. Staadt, Jochen Hg. (2017): **Die Todesopfer des DDR-Grenzregimes an der innerdeutschen Grenze 1949-1989.** Ein biografisches Handbuch. (Studien des Forschungsverbundes SED-Staat an der FU Berlin, Bd. 24), Frankfurt am Main u.a.

Schultke, Dietmar (1999): **»Keiner kommt durch«.** Die Geschichte der innerdeutschen Grenze 1945 – 1989, Berlin.

Thoß, Henrik (2004): **Gesichert in den Untergang.** Die Geschichte der DDR-Westgrenze, Berlin.

Toben, Karen (2008): **Heimatsehnen.** Zwangsaussiedlungen an der Elbe zwischen 1952 und 1975, Schwerin.

Wenzke, Rüdiger Hg. (2005): **Staatsfeinde in Uniform?** Widerständiges Verhalten und politische Verfolgung in der NVA (Militärgeschichtliches Forschungsamt Potsdam, Bd. 9), Berlin 2005.

Wolle, Stefan (1998): **Die heile Welt der Diktatur** (Schriftenreihe der Bundeszentrale für politische Bildung; Bd. 349), Bonn 1998.

AOP	Archivierter Operativer Vorgang
Ast.	Außenstelle
BArch	Bundesarchiv
BV	Bezirksverwaltung
BStU	Bundesbeauftragter für die Unterlagen des Staatssicherheitsdienstes der DDR
ČSSR	Tschechoslowakische Sozialistische Republik
DDR	Deutsche Demokratische Republik
DGP	Deutsche Grenzpolizei
DVP	Deutsche Volkspolizei
GB	Grenzbrigade oder Grenzbataillon
GK	Grenzkompanie
GR	Grenzregiment
KD	Kreisdienststelle des MfS
LPG	Landwirtschaftliche Produktionsgenossenschaft
MdI	Ministerium des Innern
MfS	Ministerium für Staatssicherheit
NVA	Nationale Volksarmee
SED	Sozialistische Einheitspartei Deutschlands
SM	Splittermine
SMAD	Sowjetische Militäradministration
VEBEG	Verwertungsgesellschaft für besatzungseigene Güter
VPKA	Volkspolizeikreisamt
VVS	Vertrauliche Verschlusssache
WD	Westdeutschland
ZA	Zentralarchiv
ZAIG	Zentrale Auswertungs- und Informationsgruppe im MfS

Bundesbeauftragter für die Unterlagen des Staatssicherheitsdienstes der ehemaligen DDR

BStU, ZA, MfS HA I 13046.
BStU, ZA, MfS ZAIG Nr. 545.
BStU, ZA, MfS AS 204/62, Bd. 13.
BStU, ZA, MfS AS 75/65, Bd. 2.
BStU, ZA, MfS JHS 001-333/75.
BStU, ZA, MfS HA I 13046.
BStU, ZA, MfS HA I, Nr. 15210.
BStU, Ast. Schwerin, MfS AOP 492/62.
BStU, Ast. Schwerin, MfS AOP 180/62, Bd. 14, Bl. 94
BStU, Ast. Schwerin, MfS KD Gadebusch Nr. 11140.
BStU, Ast. Schwerin, MfS KD Gadebusch, Nr. 11169
BStU, Ast. Schwerin, MfS KD Gadebusch 11313.
BStU, Ast. Schwerin, MfS AKG 51 b.
BStU, Ast. Rostock, MfS KD Grevesmühlen, Nr. 386.
BStU, Ast. Magdeburg, MfS Leiter der BV Nr. 53.

Bundesarchiv/Militärarchiv

BArch Freiburg, DVH 27/128697.
BArch Freiburg, DVH 27/128705.
BArch Freiburg, DVH 49-2/141040.
BArch Freiburg, DVH 49-2/141059.

Kreisarchive

Kreisarchiv Grevesmühlen X/424, Argumentation.

https://www.bpb.de/geschichte/zeitgeschichte/deutschlandarchiv/295024/todesopfer-des-ddr-grenzre-gimes-eine-andere-sicht [Abruf am 22.07.2021].
https://www.bstu.de/mfs-lexikon/detail/grenzpolizei/ [Abruf am 25.05.2021].
https://www.svz.de/12620891 [Abruf am 27.05.2021].
https://moedlareuth.de/geschichte.html [Abruf am 08.07.2021].
https://www.faz.net/aktuell/politik/inland/als-soldat-in-der-ddr-an-der-grenze-11110980.html [Abruf am 01.06.2021].
https://berliner-mauer.de/34-stasi-ddr/768-schwurgerichtsan-klage-erich-honecker-u-a.html [Abruf am 19.07.2021].
https://www.spiegel.de/geschichte/erinnerungen-eines-ddr-grenzsoldaten-a-949238.html [Abruf am 27.05.2021].
https://www.geschichtsforum.de/thema/grenztruppen-der-ddr.34784/page-5 [Abruf am 28.06.2021].
https://www.spiegel.de/politik/deutschland/schabowskis-legendaerer-auftritt-das-folgenreichste-versehen-der-ddr-geschichte-a-660203.html [Abruf am 19.07.2021]
https://www.bpb.de/politik/hintergrund-aktuell/293568/ddr-ausreisewelle [Abruf am 29.05.2021].
https://www.mdr.de/zeitreise/schumann-korrespondent-ddr-fernsehen-flucht-ungarn-100.html [Abruf am 29.05.2021].
https://www.bpb.de/geschichte/zeitgeschichte/deutschland-archiv/158899/der-andere-mauerfall [Abruf am 14.06. und 16.06.2021].
https://www.kas.de/c/document_library/get_file?uuid=73881bdb-af5e-0984-7b3b-be38aa-bebdcd&groupId=252038 [Abruf am 26.07.2021]

Thilo Wierzock, Jg. 1972

Architekt; beschäftigt sich seit Jahrzehnten mit der Geschichte und Entwicklung der grenzsichernden Truppenteile der DDR. Am Weihnachtstag des Jahres 1985 wird er mit seiner Familie aus der DDR-Staatsbürgerschaft nach acht von den Eltern gestellten Ausreiseanträgen in den vorangegangenen anderthalb Jahren »entlassen«. Im Vorlauf zur Ausreise über den Eisenbahngrenzübergang Schwanheide (Mecklenburg) wird er als 13-Jähriger durch Angehörige der MfS-Kreisdienststelle – wie auch seine Mutter – vernommen. Sein Vater wird mehrmals für kurze Zeit inhaftiert und verhört. Nach der Ausreise in die Bundesrepublik wird die Familie in Nordhessen sesshaft. Unweit von dort erlebt der Autor die Grenze nach Thüringen bei Wochenendausflügen in der Nähe von Bad Hersfeld, Bebra und Eschwege. Später besucht er im Sommer 1988 und 1989 zweimal die DDR. Als 17-Jähriger wird er im August 1989 wegen eines Zolldelikts am Eisenbahngrenzübergang Gerstungen (Thüringen) vorläufig festgenommen und in einer Vernehmung zu seiner persönlichen Entwicklung und seinem Leben in der Bundesrepublik befragt. Nach dem politischen Umbruch in der DDR besucht er gleich zur Jahreswende 1989/90 Thüringen. Daraus ergaben sich im Frühjahr bis Herbst 1990 eine Vielzahl von Reisen nach Thüringen, Brandenburg und Berlin. Mit seinen Kenntnissen und eigenen Erlebnissen zur deutsch-deutschen Grenze sowie den vielfältigen Kontakten zu Angehörigen des DDR-Grenzdienstregimes, zwei eigenen Web-Seiten zur Thematik und seinem umfangreichen Dokumenten- und Fotoarchiv berät und unterstützt er mittlerweile über viele Jahre diverse Museums-, Publikations- und TV-Projekte zu diesem Sachthema im In- und Ausland. Zu wichtigen Kooperationen gehören Film- und TV-Produktionen für das ZDF und ARD mit dem TV-Journalisten Christhard Läpple und dem Szenenbildner Andreas C. Schmidt, Publikationen von Peter Joachim Lapp, der Stiftung Berliner Mauer, der Deutschen Bundespolizei, mehrere Ausstellungsprojekte mit dem Grenzhus in Schlagsdorf bis hin zur jüngsten Neugestaltung des Informationszentrums, dem The Wall Museum, der britischen Autorin Anne Lauppe-Dunbar und der französischen Webspider Production.

Sandra Pingel-Schliemann, Jg. 1973

1991 Abitur in Lübz, 1992 bis 1997 Studium der Politikwissenschaft und Kunstgeschichte an der Universität Hamburg, 2001 Promotion zum Dr. phil., arbeitet als freie Autorin und Kuratorin, zahlreiche Veröffentlichungen zur SED-Diktatur, u.a. Zersetzen. Strategie einer Diktatur, 3. Aufl., Berlin 2004; »Ihr könnt doch nicht auf mich schießen!« Die Grenze zwischen Lübecker Bucht und Elbe 1945 bis 1989, 3. Aufl., Schwerin 2017; »Pass dich an und fall nicht auf!« Umerziehung in DDR-Spezialheimen [zusammen mit Burkhard Bley], Schwerin 2018; Spurensuche. Orte der Friedlichen Revolution in Mecklenburg-Vorpommern [zusammen mit Hendrik Lietmann], Schwerin 2019; zuletzt erschien: Nicht gehört. Gehörlose Kinder in der DDR [zusammen mit Sandra Uhlig], Schwerin 2020. Ausstellungen u.a.: Mutige Frauen. Widerständiges Verhalten in Zeiten von Diktaturen, Wanderausstellung (2012); Zersetzung. Repressionsmethode des Staatssicherheitsdienstes, Wanderausstellung (2018); Ausgrenzen und Eingrenzen. Die Geschichte der innerdeutschen Grenze zwischen Ostsee und Elbe, Dauerausstellung Grenzhus Schlagsdorf (2018); Am Leben vorbei. Kinder und Jugendliche in sonderpädagogischen, psychiatrischen und Behinderteneinrichtungen in den DDR-Nordbezirken, Wanderausstellung 2021 und virtuell unter https://ausstellungen.deutsche-digitale-bibliothek.de/am-leben-vorbei/ einsehbar.

IMPRESSUM

Die Edition Braus ist eine Marke der Aufbau Verlage GmbH & Co. KG

www.editionbraus.de

Grafische Gestaltung: Frank Wonneberg, Berlin
Reproduktionen: Bildpunkt Druckvorstufen GmbH, Berlin
Druck und Bindung: Grafisches Centrum Cuno, Calbe

ISBN 978-3-86228-236-4